gutes leben
bene!

CARSTEN LEINHÄUSER

Unterwegs im Auftrag des Herrn

Kirche kann ganz anders sein!

Allen Suchenden.

Allen Fragenden.

Allen Zweifelnden.

Allen Hoffenden.

Allen Neugierigen.

Allen Abenteuerlustigen.

Allen, die auf dem Weg sind.

Rico

INHALT

Irgendwann kommst du an den Punkt,
da willst du es einfach wissen.
Warum?
Wohin?
Mit wem?

1
WER BIST DU, GOTT?

Die Hüttenwirtin

Es ist Sommer in den Bergen. Der Himmel tiefblau, die Sonne brennt. Seit Stunden bin ich unterwegs: vom Tal hoch auf den Gipfel und wieder zurück.

Weil ich meine Wanderstöcke vergessen habe, bin ich beim Absteigen mehrmals ausgerutscht und gestürzt. Die Knochen tun weh – und die Beine noch mehr. Die letzten Meter schleppe ich mich zur Hütte und lasse mich auf die verwitterte Holzbank fallen.

Vor mir steht die füllige Hüttenwirtin mit zerzaustem Haar und wettergegerbter Haut. Tiefe Lachfalten zeichnen sich in ihrem Gesicht ab. »Wos dearf's sai? A Radler?«

Ich nicke wortlos, und die Hüttenwirtin bringt mir kurz darauf mein kühles Getränk, das ich mit einem Satz in mich reinkippe. Der Alkohol tut sein Werk, und bald bin ich mit der Flasche in der Hand eingenickt.

Ein Tippen auf meiner Schulter: »Wenn 'd moagst, leg di da hinten auf an Liegestuhl«, sagt sie mit einem milden Lächeln. »Da koanst gut schloafen. I weck di, wenn der Bus ins Tal koamt.«

Am Abend liege ich in meinem Bett und frage mich, ob Gott vielleicht eine mollige, immer lächelnde Hüttenwirtin ist. Während den Berg- und Talwanderungen meines Lebens ist sie immer gleich um die Ecke und be-

grüßt mich mit ihren lustigen Fältchen um die Augen. Sie bietet mir einen gemütlichen Platz an, wenn ich keine Energie mehr habe, und serviert mir ein kühles Radler und ein großes Schnitzel. Sie hört sich meine Geschichten geduldig an und gibt mir spannende Insidertipps für den nächsten Wegabschnitt. Manchmal ist sie etwas grantig, wenn gerade viel los ist. Aber sie hat ein Herz aus Gold. Und ich mag sie irgendwie.

⁂

Ich habe Gott gesehen.

Im Ernst. Ich habe ihn gesehen. Ganz deutlich. Direkt vor meinen Augen.

Du glaubst mir nicht? Du hältst mich für verrückt? Vielleicht bin ich das.

Aber ich habe Gott gesehen!

An diesem einen Abend am Strand. Wir haben im Kreis gesessen und dem Rauschen der Wellen gelauscht. Überm Meer ging die Sonne langsam unter, und wir haben Lieder gesungen und miteinander gebetet. Und ER war da.

In diesen Nächten am Lagerfeuer. Wir haben lauwarmes Flaschenbier getrunken, allerlei Geschichten erzählt und den klampfenden Gitarrenspielern zugehört. Und ER war da.

Bei diesem Gespräch im Herbst in Taizé. Zwei Jugendliche haben mir von ihren Herausforderungen und Kämpfen und Sorgen berichtet. Davon, dass ihr Leben gerade sauanstrengend ist. Und ER war da.

Dort oben auf dem Gipfel. Völlig entkräftet bin ich am Ufer des türkisfarbenen Bergsees auf den Boden gefallen und erst mal liegen geblieben. Keine Menschenseele weit und breit. Nur der See, die Gipfel und eine Herde neugieriger Kühe. Und er. Und ER war da.

Bei diesem verrückten Roadtrip im Sommer. Als ich meinen Neffen mal eben zu seinem Papa nach Belgien gefahren habe. Er konnte meine *Spotify*-Playlist besser und lauter mitsingen als ich. Und ER war da.

An jenem grauenhaften Tag, an dem ich so kurz davor war, alles hinzuschmeißen, und am liebsten weit weggerannt wäre. Da waren Freunde für mich da. Und ER war da.

In diesen einzigartigen Momenten, die man nicht machen kann; die einfach passieren. Die plötzlich da sind und nur einen Hauch lang dauern. Die einfach nur gut sind. Da war ER dabei.

Ich habe Gott gesehen.

Im Ernst. Ich habe ihn gesehen.

Ganz deutlich. Direkt vor meinen Augen.

Und du?

Blind Date mit Gott

Vor vielen Jahren hat mir ein stolzer Bauer seinen Orangengarten gezeigt. Eine Stunde lang sind wir von Baum zu Baum marschiert. An jedem Baum schnitt er eine Orange ab, öffnete sie und hielt sie mir hin. Orangen seien wunderbar, und man müsse sie mit allen Sinnen genießen und schmecken.

Früher waren Orangen für mich … na ja … Orangen halt: Sehen aus wie Orangen, riechen wie Orangen, schmecken wie Orangen, sind Orangen. An jenem Tag hat sich mein Blick auf diese Frucht grundlegend geändert. Die Geschmackssinne sind förmlich explodiert. Jede Orange war »orangig« und doch ganz anders. Lecker, saftig, süß, sauer, bunt, blumig, mal mit einem bitteren Unterton, manchmal mit einer Art Schärfe drin. Und sie sahen auch alle irgendwie ein wenig anders aus. Hatten eine glatte, vernarbte, ungleichmäßige, rissige, eine perfekt glänzende oder eine eher matte Haut. Es gab die Früchte in diesem Garten in allen möglichen Größen und Farbnuancen.

Orangen sind Orangen. Aber sie sind nicht gleich.

Gott ist Gott. Aber er ist nicht für jeden von uns der Gleiche. Auf meiner Lebensreise lerne ich immer wieder neue »Geschmacksvarianten« Gottes kennen. Mal zeigt er sich mir als Vater oder als Gärtner. Mal als die mollige Hüttenwirtin. Mal ist sie voller Macht und Stärke, mal ist er ganz verletzlich. Sie hat ein breites Lächeln; er bebt er vor Zorn und Wut.

Gott. Er ist freundlich, gütig, demütig. Sie ist gerecht, streng und mächtig. Lustig und bitter. Unendlich groß und verbirgt sich doch zuweilen im unsagbar Kleinen. Er hat jede Menge Humor – und einen tiefen Ernst. Sie lacht laut schallend, er kichert gerne vor sich hin. An manchen Tagen weint und schreit er – und in einigen Situationen scheint sie keine Worte für mich zu haben.

Ich hab aufgegeben, mir ein Bild von Gott machen zu wollen. Stattdessen habe ich große Freude daran, neugierig zu schauen, welche Geschmacksvarianten er noch so auf Lager hat. Wie sie sich mir heute zeigen wird. Oder morgen. Oder übermorgen.

Ich weiß, dass ich wenig über ihn weiß – und dass ich ihn jeden Tag besser kennenlernen kann. Ein ganzes Leben lang und darüber hinaus.

Abraços – Wenn dich das Leben umarmt

Irgendwo in Brasilien. Ich stehe mit drei Frauen an einem Grab. Meine Hand ruht auf dem glatten Stein der Grabplatte. Wir stehen lange da. Wir schweigen, weinen leise. Tränen der Trauer und der Dankbarkeit.

Zwei Jahre zuvor habe ich Paulo zum letzten Mal gesehen und zum Abschied umarmt. Auch damals haben wir geweint. Der alte, dürre Bauer mit seinen von der harten Arbeit gezeichneten schwieligen Händen und der junge Priester aus dem fernen Deutschland.

18 Jahre zuvor haben wir gemeinsam an einem Haus gebaut. Es sollte ein soziales Projekt werden. Nach wenigen Jahren ist dieses Vorhaben leider gescheitert. Stattdessen ist

eine tiefe Freundschaft gewachsen, die auch den Tod übersteht.

Von Paulo habe ich gelernt, dass man weder Studium noch Doktortitel, noch Macht braucht, um ein wahrhaft großer Mensch zu sein. Dass das Unscheinbare, Kleine, Einfache oftmals das Wertvollste ist. Dass Christ*innen füreinander und für andere da sind. Dass die wahren Theologen oftmals eher mit einer Hacke, einer Schippe und rissigen Händen daherkommen als mit schlauen Büchern und großen Worten.

Bei unserer ersten Begegnung hat Paulo mir eine kleine steinerne Statue des *Jesus vom Corcovado,* eine Miniatur der Christusfigur in Rio de Janeiro, geschenkt. Darauf hat er die Worte »De Paulo /p Cassio« (»Von Paulo. Für Carsten«) eingraviert. Diese Statue ist mein wertvollster Besitz. Sie erinnert mich jeden Tag daran, dass Jesus mich umarmt.

Mich umarmt durch Menschen wie Paulo. In besonderen Begegnungen und Momenten. Auch an diesem Tag an Paulos Grab.

Gastfreundschaft

Gemeinsam mit knapp 40 jungen Erwachsenen aus Freiburg und Speyer sind wir fast drei wunderbare Wochen zum Weltjugendtag in Südamerika. Wir dürfen bei Familien zu Gast sein und das Leben auf dem Land und in der Stadt kennenlernen. Mit fast zwei Millionen Jugendlichen und

Papst Franziskus erleben wir einen gigantischen Gottesdienst an der Copa Cabana und chillen schließlich drei Tage auf einer Insel südlich von Rio.

Während die anderen Teilnehmer zurück nach Deutschland fliegen, mache ich mich auf den Weg in den Bundesstaat Minas Gerais. Dort habe ich 14 Jahre zuvor bei einem Projekt der *Kolpingjugend* gemeinsam mit deutschen und brasilianischen Freunden ein Haus gebaut, mich in das Land und die Menschen verliebt – und mich entschieden, Priester zu werden. Jetzt will ich zum ersten Mal nach langer Zeit endlich wieder meine brasilianische Familie besuchen.

Obwohl die Reise nach Minas Gerais »nur« knapp 600 Kilometer lang ist, brauche ich fast 24 Stunden dafür: Per Schiff, Bus, Taxi, Flugzeug und Mietwagen. Wenige Kilometer vor dem Ziel entdecke ich einen kleinen See neben der Landstraße. Weil ich total übermüdet und verschwitzt bin (und vermutlich auch dufte wie ein Iltis), suche ich einen Weg zum See, um darin zu baden. Ein alter Mann steht auf dem Weg, ich halte meinen Wagen an und erkläre ihm, wohin ich möchte. Er lächelt und fordert mich auf, hinter ihm herzufahren. Nach wenigen Minuten parke ich vor seiner Hütte, und er lädt mich ein hereinzukommen. Dann zeigt er mir seine Küche, sein Schlafzimmer und das Ufer hinter dem Haus.

»Wenn du Hunger hast oder Durst, bedien dich«, sagt er. »Und wenn du müde bist, leg dich ins Bett und schlaf dich mal aus. Nimm dir, was du brauchst.« Während ich ziemlich baff bin, lächelt er mich an und meint: »Ich muss jetzt übrigens zur Arbeit. Wenn du gehst, mach einfach die Tür hinter dir zu.« Bevor ich mich bedanken kann, dreht er sich um und geht.

Ob ich da – mal wieder – Gott begegnet bin?

2
UNTERWEGS

Groove

Sommer 1998. Vor einem Jahr haben mir meine Eltern zum bestandenen Führerschein einen »kleinen Gebrauchten« geschenkt. Einen Fiat Panda: schwarz, mit Faltdach, schepperndem Kassettenradio und unglaublichen 34 Pferdestärken. In einer feierlichen Zeremonie haben meine Freunde und ich das Fahrzeug mit einer Flasche Bier getauft. Auf den Namen *Moses*. Weil dieser 40 Jahre gebraucht hat, um mit dem Volk Israel einmal quer durch die Wüste zu wandern – und weil »mein Moses« auch nicht der Schnellste ist.

Da zwischen Abi und Studium etwas Zeit ist, habe ich mich entschieden, gemeinsam mit Moses einen Roadtrip quer durch Frankreich zu machen. Im Gepäck: mein Rucksack, eine Landkarte (damals gab's noch kein Google Maps) und drei einfachen Regeln:

1. Es gibt kein Ziel – höchstens eine Richtung
2. Sei spontan
3. Autobahnen sind verboten

Mit offenem Dach und mehreren ultimativen Mixtapes starten Moses und ich unsere Tour quer durch Frankreich – und erleben eines der schönsten Abenteuer meines Lebens. Wir grooven uns gen Süden ein und gondeln kreuz und quer durch das Land. Auf unserem Weg entdecken wir Landschaften, Dörfer und Städtchen, die wunderschön sind und oft halb verfallen. Dort, wo es uns gefällt, machen wir halt und genießen die Sommersonne.

Irgendwo in Burgund klopfe ich an einem alten Pfarrhaus und bitte um Unterkunft. Der Pfarrer hat gerade Freunde zu Besuch, und wir trinken zusammen bis spät in die Nacht Rotwein und quatschen. Ich schlafe in einem kleinen staubi-

gen Zimmer auf dem Boden und ziehe am nächsten Morgen weiter. Irgendwo im Nirgendwo besichtige ich ein bizarres Museum mit rostenden Staatskarossen aus allerlei Ländern. Angeblich steht hier sogar das Auto, in dem Kennedy gestorben ist. Keine Ahnung, ob an der Geschichte was dran ist.

Zufällig bin ich während des Viertelfinales der Fußball-WM in Lyon und stehe umringt von Kroaten und Franzosen vor einer großen Leinwand, während Deutschland nur wenige Kilometer entfernt 0:3 gegen Kroatien verliert. Danach lädt mich ein junges französisches Pärchen auf ein »Trostbier« in eine Straßenkneipe ein. Auf dem Weg durch den Grand Canyon de Verdon gabele ich zwei Anhalterinnen auf. Wir bezwingen im zweiten Gang die steilen Serpentinenstraßen und reden über Gott und die Welt.

Es gäbe noch mehr lustige und schräge Momente von dieser Reise zu erzählen. Was bleibt, ist die Erinnerung an zwei unvergessliche Wochen. Und die Erfahrung, dass es sich absolut lohnt, ab und an ohne Ziel aufzubrechen und sich vom Leben überraschen zu lassen.

Umwege

Ob ich mal eben noch zehn Minuten Zeit habe, fragt mich Guto. Er ist der Besitzer der kleinen Pousada, in der ich seit vier Tagen zu Gast sein darf. Ich bin in Lavras Novas, einem kleinen zugigen Städtchen auf 1500 Metern Höhe in den Bergen Brasiliens. Mein Plan ist es, dass ich heute noch knapp 300 Kilometer über teilweise unbefestigte Straßen zu meinem nächsten Ziel fahre. Die Zeit ist knapp – und wenn ich pünktlich sein will, muss ich jetzt losfahren.

»Nur zehn Minuten, Carsten; keine große Sache.« Guto ist hartnäckig und will mich so schnell nicht ziehen lassen.

»Ich überlege kurz: Eigentlich will ich jetzt lieber direkt los. Das Auto ist fertig gepackt, und ich habe mir gerade zwei Aspirin eingeworfen, weil ich total verschnupft bin. Aber die Bitte abzuschlagen wäre irgendwie unhöflich, und zehn Minuten sind ja auch kein Ding. Also sage ich zu.

Guto packt mich in sein Auto, und wir holpern los. Erst jetzt komme ich auf die Idee, mal nachzufragen, was er eigentlich genau von mir will. Grinsend erzählt er, dass der Fernsehsender »Rede Minas Gerais« im Dorf ist und eine Reportage über Tourismus auf dem Land drehen möchte. Dazu suchen sie noch einen Hauptdarsteller, der mit dem Quad über die Berge fährt – die Reporterin als Sozius mit dabei. »Wie gesagt: nichts Großes. Und in zehn Minuten sitzt du wieder in deinem Auto und fährst los. Es könnten auch 20 Minuten werden oder eine halbe Stunde. Maximal. Keine Sorge.«

Was soll ich sagen? Die »zehn Minuten« haben dann über zwei Stunden gedauert und waren absolut der Hammer! Mit einer sympathischen Reporterin auf dem Rücksitz durfte ich mit einem Quad über Stock und Stein düsen. Über sandige Pisten, an verborgenen Wasserfällen vorbei zur »Lagune der Verliebten«. Ein etwas verpeilter Kameramann hielt alles im Film fest – und der stets freundlich lachende Guto war unser Zuschauer. Fazit: Manchmal sind »Zehn-Minuten-Umwege« das Beste, was dir bei deiner Lebensreise passieren kann.

Die Reportage könnt ihr übrigens hier sehen (ab Minute 3): https://www.youtube.com/watch?v=7QMxHVAnXzw

Salami und Wasser

In den Bergen.

Über weite Strecken – nix außer Natur.

Wilde, ungezähmte Natur.

Genau so wild und ungezähmt wie das Leben.

Kleines Gepäck: eine Salami, ein Stück Brot, eine Flasche Wasser.

Pures Glück.

Was brauchen wir wirklich zum Leben? Was gibt dir Energie in deinem Alltag – auf deinem Weg?

Im Job – im Stress – in all den Aufgaben, die du zu bewältigen hast?

Was löscht deinen Durst, was stillt deinen Hunger nach Leben?

14:37

Mein Alltag ist komplett durchgetaktet und vorprogrammiert! Der Kalender auf meinem Smartphone weiß schon Monate im Voraus ganz genau, wann ich an welchem Tag zu welchem Zweck an welchem Ort sein werde. Und die To-do-App auf meinem PC sagt mir jeden Morgen, was ich heute zu tun habe. Sie gibt mir sogar Punkte für erledigte Aufgaben – und macht mich blöd von der Seite an, wenn ich mein Tagesziel mal wieder nicht erreicht habe.

Mein Leben ist komplett durchgetaktet und vorprogrammiert? Von wegen!

Denn weder mein Kalender noch meine To-do-Liste können vorherberechnen, was am nächsten Montag um 14:37 Uhr tatsächlich passieren wird. Beide haben keinen blassen Schimmer von all den unerwarteten Dingen, die mich ständig überraschen und alle Pläne über den Haufen werfen.

Woher sollen sie auch wissen, dass ausgerechnet an diesem knallvollen Montag um 14:37 Uhr meine beste Freundin anruft, weil sie mal wieder mit einem platten Reifen liegen geblieben ist und jetzt dringend meine Hilfe braucht?

In solchen Momenten lege ich, wenn's irgendwie geht, den Kalender und die To-do-Liste zur Seite und mache mich auf den Weg, um zu helfen. Aus der Vorbereitung des nächsten Meetings wird mal eben eine ungeplante Reifenwechselaktion. Statt PC und Schreibzeug sind plötzlich Wagenheber und Radkreuz meine Werkzeuge.

Mein Leben lässt sich weder durchtakten noch vorprogrammieren. Ich kann mit voller Hingabe Pläne schmieden und versuchen, irgendwie den Überblick zu behalten.

Aber im Grunde ist mein Leben unvorherberechenbar. Es streckt mir mit einem breiten Lächeln die Zunge raus, wenn ich versuche, es zu sehr in Termin- und To-do-Listen einzuzwängen. »Hey, ich bin das Leben«, sagt es. »Ich hab keinen Bock auf enge Fesseln und Vorschriften. Ich will atmen. Frei sein. Leben!« Und genau das macht es spannend. Aufregend. Herausfordernd. Faszinierend.

Da wartet ein Abenteuer

Ja, ich weiß. Manchmal ist das echt nervig. Da hast du so perfekte Pläne ausgearbeitet – und dann kommt plötzlich alles ganz anders. Das Leben selbst wirft alles über den Haufen. Jetzt hast du drei Optionen:

1. Du kannst versuchen, deinen ursprünglichen Plan mit aller Kraft doch irgendwie durchzuziehen. Das wird dich

jede Menge Energie kosten. Und glaub mir: Meistens klappt das nicht.

2. Du kannst dich schmollend in die nächste Ecke setzen und über dieses doofe Leben schimpfen.

3. Du kannst die Herausforderung annehmen und versuchen, das Beste draus zu machen.

Um ehrlich zu sein, hangele ich mich ziemlich oft von Option 1 über 2 nach 3 durch: Ich mag's nämlich nicht so, wenn meine »coolen« Pläne durchkreuzt werden. Ich checke also, ob und wie mein Plan doch noch funktionieren könnte. Wenn's nicht klappt, bin ich erst mal zickig und sauer. Es kratzt ja schon am Ego, wenn's nicht so läuft wie gedacht. Schließlich nehme ich die Herausforderung an, gebe mein Bestes und schaue, was passiert.

Bei meiner Reise durchs Leben habe ich drei Dinge gelernt, die mir absolut wichtig geworden sind: Ich habe mich entschieden, neugierig und gelassen zu bleiben. Ich habe mich darauf eingestellt, dass ich nicht alles planen kann. Ganz einfach weil das Leben ständig neue Herausforderungen und schräge Momente mit sich bringt. Und weil diese schrägen und ungeplanten Störungen oft die coolsten, die schönsten und tiefsten Momente meines Lebens sind.

Das Leben ist ein Roadtrip. Ein Actionfilm, ein Krimi, eine Horrorstory. Ein Liebesroman, eine Komödie, ein Thriller. Das Leben ist spannend. Irre. Lustig. Es ist wunderschön. Manchmal heftig. Manchmal traurig. Immer lebenswert.

Das Leben ist ein Abenteuer.

Es wartet auf abenteuerlustige Typen, die sich gelassen und mit Neugier auf den Weg machen.

Es wartet auf dich!

Den Rucksack packen

Bist du schon mal umgezogen? Falls du jetzt *Ja* sagst, kennst du bestimmt auch diese unendlich nervige Sache mit dem Kistenpacken, oder? Bei jedem Umzug kommt der Moment, an dem ich am liebsten laut schreiend wegrennen würde. Ich sitze im Chaos zwischen unzähligen Pappkartons und habe einfach keinen Bock mehr. Dann verwünsche ich mich selbst, weil sich im Lauf der Jahre so unfassbar viel Kram bei mir angesammelt hat, dass ich darin fast ertrinke. Ganz ehrlich: So viel Zeug braucht doch kein Mensch. Die Hälfte (und mehr) davon habe ich in den letzten Jahren oder Monaten nicht mal angefasst.

Da lobe ich mir meinen Rucksack! Wenn ich auf Reisen gehe, nehme ich nur das mit, was ich wirklich brauche. Der Rest bleibt zu Hause.

So ein Rucksack ist superpraktisch. Auf der einen Seite hat er jede Menge kleine Taschen und Fächer. Da passt einiges rein. Auf der anderen Seite fordert er mich heraus, wirklich nur das Notwendige zu packen und manches wieder auszusortieren. Weil: So viel passt dann doch nicht in einen 70-Liter-Sack.

Wenn mein Leben ein Rucksack wäre, würde meine persönliche Geschichte den größten Raum einnehmen. Die Dinge, die mir absolut wichtig sind: meine Familie, meine Freunde; die Menschen, die mir etwas bedeuten und die mich geprägt haben. In den Zwischenräumen und in den kleinen Taschen würden jede Menge Erinnerungen und Erlebnisse drinstecken. Auch meine Stärken und Schwächen. Und ganz unten – in den Bereichen des Rucksacks, die ich manchmal gar nicht im Blick habe und an die man nicht so leicht rankommt – auch meine Wunden. Die Teile meines Lebens, die ich nicht so gerne ans Tageslicht hole.

Was steckt in deinem Rucksack drin?

Welches sind die wertvollsten Gepäckstücke deines Lebens?

Was versteckst du ganz unten in den dunklen Geheimfächern und Taschen?

Ach – und steckt Gott auch irgendwo mit drin?

Tools zum (Über-)Leben

Neben dem unverzichtbaren Rucksack gibt's natürlich noch weitere praktische und wertvolle Ausrüstungsstücke für den Weg durchs Leben. Weil ich so gerne wandere, zähle ich euch hier einige Teile meiner Wanderausrüstung auf.

In den Alpen gibt's – genau wie im »echten Leben« – recht gut präparierte Wanderwege. Sie bringen dich sicher und ohne übermäßige Anstrengung von A nach B. Alles ist gut beschildert und auf Karten verzeichnet. Solche Wege sind ganz »nett« und auch recht chillig zu gehen. Auf Dauer wird es mir auf solchen Wegen jedoch irgendwie langweilig. Der Abenteuerfaktor fehlt. Den kriegst du, wenn du auf schmaleren Wegen unterwegs bist: Manchmal sind es nur Trampelpfade oder wenig begangene Wege mit jeder Menge Schlaglöchern, engen Serpentinen und heftigen Anstiegen. Dann kommst du nur im Schneckentempo voran, vielleicht musst du dich sogar an Ästen und Steinen festhalten und hochziehen, weil deine Füße keinen richtigen Halt finden. Solche Wege sind nicht ungefährlich – oft genug schimpfe ich beim Hochkraxeln. Aber: Hier zu gehen ist auch unglaublich abwechslungsreich. Und solche Pfade abseits der Masse bringen dich an Stellen, die atemberaubend schön sind.

Bei meinem letzten Wanderurlaub bin ich gleich am ersten Tag auf einen menschenleeren Gipfel in 2600 Metern Höhe gestiegen. Von dort hatte ich einen einzigartigen Blick über einen türkisblauen See und die schneebedeckten Berge der Umgebung.

Meine Wanderschuhe haben mich mehrmals vor dem Ausrutschen und Stürzen gerettet. Allerdings habe ich wieder einmal die Wanderstöcke vergessen – und so den Weg ins Tal fast nicht geschafft: Mir hat der Halt gefehlt. Und das hat wehgetan!

Was und wer gibt DIR Halt für deinen Weg? Wer gibt dir Sicherheit, wenn dein Leben abseits der festgefahrenen Straßen verläuft? Woran hältst du dich fest, wenn's rutschig wird – oder steil bergauf und bergab?

In den Bergen brauchst du ein Navi:
eine Landkarte aus Papier oder digital – egal.
Oft gibt's auch Zeichen am Wegrand.
Ohne Navigationshilfen brauchst du Glück, um dein Ziel zu finden.

Jesus – der Abenteurer

Ist euch mal aufgefallen, dass die Bibel vollgepackt ist mit »Roadtripgeschichten«? Im Alten Testament geht's um das Volk Israel, das ständig auf Achse ist. Auf seiner Reise erlebt es jede Menge Highlights und auch Tiefpunkte. Es gerät andauernd mit Gott aneinander und versöhnt sich wieder mit ihm. Es streitet, kämpft, leidet, lebt, liebt, feiert. Die Gemeinschaft gewinnt neue Erkenntnisse, siegt über ihre Feinde und verliert zwischendurch immer wieder die Hoffnung, jemals im Gelobten Land anzukommen. Es läuft nicht alles glatt, immer wieder bauen Einzelne richtig Mist, und man versemmelt gemeinsam am laufenden Band irgendwelche Sachen. Aber man rafft sich auf und geht weiter …

Das Neue Testament setzt diese Geschichte fort: Gott selbst wird Mensch – in Jesus. Und der macht im Grunde nichts anderes, als drei Jahre am Stück durch das Land zu ziehen und Menschen zu begegnen. Selten bleibt er länger als ein paar Tage an einem Ort. Nach und nach findet er Frauen und Männer, die sich mit ihm auf den Weg machen – und bei diesem wunderbar schrägen Roadtrip allerlei Abenteuer erleben. Wo auch immer er hinkommt, erzählt Jesus den Menschen von Gott und davon, dass es im Grunde nur eine wichtige Regel fürs Leben gibt: »All you need is love!«

Klingt einfach? Klingt platt? Klingt naiv?

Mag sein – aber es verändert alles. Wenn ihr genügend Zeit habt, lest die Bibel, beschäftigt euch mit den Geschichten.

Liebe – das ist die Botschaft. Es *ist* so einfach. Und weil's so einfach ist, ist es auch unglaublich kompliziert. Denn jede und jeder, der das mit der Nächstenliebe mal ernsthaft versucht hat, weiß, dass es ganz schön herausfordernd ist.

Für meinen Roadtrip habe ich mir vorgenommen, es Jesus nachzumachen. Oder es zumindest zu probieren: Ich hab Lust drauf, und ich sehe mein Leben als Abenteuer.

Die Art und Weise, wie Jesus auf seinem Weg Menschen begegnet ist und sie gestärkt hat, beeindruckt mich zutiefst. Ich kaufe ihm ab, dass er diese Sache mit der Liebe absolut ernst meint. Und ich glaube und hoffe und vertraue darauf, dass ich ihn immer wieder mal persönlich treffe – auf meiner persönlichen Abenteuerreise.

ADV·3830

Psalm 121

Ich hebe meine Augen auf zu den Bergen: Woher kommt mir Hilfe? Meine Hilfe kommt vom Herrn, der Himmel und Erde gemacht hat. Er lässt deinen Fuß nicht wanken; er, der dich behütet, schläft nicht. Nein, der Hüter Israels schläft und schlummert nicht. Der Herr ist dein Hüter, der Herr gibt dir Schatten; er steht dir zur Seite. Bei Tag wird dir die Sonne nicht schaden noch der Mond in der Nacht. Der Herr behüte dich vor allem Bösen, er behüte dein Leben. Der Herr behüte dich, wenn du fortgehst und wiederkommst, von nun an bis in Ewigkeit.

Bei all dem »Unterwegssein« gilt es auch, auf sich selbst zu achten und regelmäßig Pausen einzulegen …

Wo sind meine Pausenzeiten im Leben?

3
FERNWEH

Schlaglochpiste

Juli. Es ist tiefster Winter in Brasilien. Ich bin in einer Gegend, in die sich kein europäischer Tourist verirrt (selbst schuld). Drei Nächte lange habe ich mich in einer Pousada eingemietet und bin der einzige Gast weit und breit, weil selbst die Brasilianer nur im Sommer hierherkommen.

DAS Highlight der Region sei der *Parque ecológico de Paredão,* ein Naturreservat mit einem wunderschönen Wasserfall. Da will ich hin – und setze mich ans Steuer meines untermotorisierten Renault. Am Ausgang des Städtchens steht ein Wegweiser, der zu einer Sandpiste zeigt. Ab hier gibt's keine geteerten Straßen mehr. Ich biege rechts ab, und der laut polternde Wagen bittet mich ausdrücklich, den Fuß vom Gas zu nehmen. Mit 20 bis 30 Sachen geht's weiter. Hinter mir eine gigantische rotbraune Staubwolke, die mein Gefährt aufwirbelt. Ein, zwei Mal kommt mir ein röhrender Lkw entgegen, und ich muss anhalten, weil ich im Schatten seiner Staubwolke nichts, absolut gar nichts mehr sehen kann. Das Auto schaukelt, ruckelt, rattert und schüttelt alle meine Knochen durch. Der Schweiß rinnt mir die Stirn herunter. Ich öffne das Fenster und schmecke den Staub zwischen den Zähnen.

Nach einer Stunde muss ich links abbiegen. Ab hier geht es auf einer steilen, steinigen Piste im Gänsemarschtempo einen Abgrund hinunter. Ob ich da jemals wieder hochkomme?

Adrenalin pur.

Nach weiteren 30 Minuten komme ich endlich ans Ziel: vor mir eine weite grüne Wiese, um mich herum Berge und ein großes Schild – *Parque ecológico de Paredão: Geschlossen.*

Ein junger Mann kommt mir entgegen. Er sei der Parkaufseher – und erlaubt mir ausnahmsweise, hier zu parken und die Wasserfälle zu besichtigen. Für einen Euro verkauft er mir auch noch eine eiskalte Dose Cola. Zuckerwasser – das brauche ich nach diesem Ritt.

Die nächsten beiden Stunden komme ich aus dem Staunen nicht mehr heraus. Ich kraxele mutterseelenallein den Berg hinauf, von Wasserfall zu Wasserfall – einer schöner als der andere. Bis ich oben stehe: schweißgebadet. Schweigend. Glücklich.

Die unbequeme und anstrengende Schlaglochpiste hat mich zu einem der schönsten Orte auf diesem Planeten geführt.

#dnkgtt

Anhalter

Schlafsack, Kissen, Handtuch. Mein kleiner Koffer, der Rucksack mit Fotoapparat, Schreibzeug und Bibel, ein warmer Pulli, eine Regenjacke, eine große Flasche Wasser und ein Päckchen Minisalami. Ich habe alles, was ich brauche. Das Auto ist gepackt, und voller Vorfreude rolle ich über die französische Grenze. Eine Woche in Taizé wartet auf mich. Knapp 500 Kilometer noch, dann bin ich »zu Hause«.

Kurz nach der Grenze stehen zwei Gestalten am Straßenrand und halten hoffnungsvoll die Daumen nach oben gestreckt. Ein bärtiger junger Mann und eine ebenso junge Frau mit Rastalocken. Beide mit gigantischen Rucksäcken und jeweils einer Gitarrentasche; ziemlich hippiemäßig.

Ich überlege kurz, ob ich wirklich Bock auf zwei seltsame Mitfahrer habe, aber mein Gewissen tritt schon auf die Bremse, und das Auto hält an.

Die beiden begrüßen mich freundlich und steigen ein. Sie wollen in Richtung Süden. Da ich noch etwas misstrauisch bin, sage ich zu, sie bis nach Strasbourg mitzunehmen. Mal sehen, wie die Stimmung sich entwickelt …

Zu dritt gondeln wir weiter und kommen langsam ins Gespräch. Die beiden sind Studenten und machen ein Semester Pause. Weil sie gerne Abenteuer erleben, geht's über Winter nach Südfrankreich und Spanien. Dort wollen sie in den Touri-Örtchen am Mittelmeer mit Straßenmusik über die Runden kommen.

Die beiden sind echt nett.

»Wisst ihr was?«, sage ich. »Wenn ihr wollt, nehme ich euch bis Burgund mit.« Die beiden bedanken sich überschwänglich.

»Sagt mal, habt ihr es nicht ziemlich warm?«, frage ich. Sie nicken und beginnen, sich die Jacken auszuziehen. Und ich muss ganz breit grinsen: Unter den Hippieklamotten kommt die Kluft der DPSG zum Vorschein. Die beiden sind Pfadfinder – und wir haben im Nu massenweise Gesprächsstoff für unsere Tour. An einer Straßenkreuzung in Burgund verabschieden wir uns Stunden später herzlich voneinander und wünschen uns gegenseitig den Segen Gottes.

Fazit: Lass dich nicht vom ersten Eindruck täuschen. Denn der zweite könnte ziemlich cool sein.

Einfach mal weg ...

Ich mag meinen Job. Und mein Leben. Es ist selten langweilig, sondern meistens extrem abwechslungsreich. Es gibt wenig Routine, und jedes Mal, wenn ich denke: »Jetzt habe ich es im Griff«, geschieht irgendwas Unerwartetes, das mich neu herausfordert. Mein Kalender ist monatelang im Voraus voll ausgebucht, und ich tingele ständig von A nach B. Eine lange To-do-Liste hält mich unentwegt auf Trab und wird in diesem Leben vermutlich nie »erledigt« sein. Aber bei all dem Herumwuseln und ständig Beschäftigt-Sein habe ich gelernt, wie unglaublich wertvoll die kurzen Auszeiten sind. Die Momente, in denen ich einfach mal die Playlist meines Lebens anhalte – bewusst auf *Stopp* klicke und aus all dem, was mich ansonsten umtreibt, bewusst rausgehe. Mit rausgehen meine ich wirklich *raus!* Alleine oder mit guten

Freunden für einen Tag oder für ein Wochenende den Rucksack oder Koffer packen und wegfahren.

Seit gut zwei Jahren habe ich eine »Kurzurlaubskasse«, in die ich jeden Monat einen bestimmten Betrag werfe. So habe ich immer genügend Geld auf der hohen Kante, um mal eben für ein, zwei, drei Nächte wegzufahren und abzuschalten.

Manche dieser Aktionen sind von langer Hand geplant und zur geliebten Tradition geworden. Und dann gibt es noch die Kurzurlaube, die sich einfach spontan ergeben. Wochenenden oder Tage, an denen ich mir die Freiheit nehme, einfach mal weg zu sein. Denn manchmal lässt sich das Leben besser meistern, wenn ich für eine Weile einen Schritt zurücktrete, die Koffer packe und abhaue.

Hey Gott – jetzt bist DU dran!

Es gibt Menschen, die berichten, sie hätten ein ganz besonderes Erlebnis mit Gott gehabt. Diesen einen Moment, in dem, wie mit dem *Pling* einer WhatsApp-Message, auf einmal alles klar ist: »Und von da an wusste ich, dass Gott mir sagt: ›Werde, Profi-Imker.‹« Bei mir war's nicht so. Und ich glaube, bei den allermeisten Menschen ist es auch nicht so. Stattdessen ist die Suche nach der eigenen Berufung mehr ein Fragen. Ein Stochern. Ein Ausprobieren. Ein Hinhören. Ein »Auch-mal-volle-Kanne-in-die-falsche-Richtung-Gehen.«

Was will ich mit meinem Leben machen? Wohin soll die Reise gehen? Diese Fragen habe ich mir schon früh gestellt.

Und irgendwie wollte mir dieser Gedanke, Theologie zu studieren, nicht aus dem Kopf gehen. Die endgültige Entscheidung fiel dann letztlich recht schnell: Nach der (Aus-)Musterung bei der Bundeswehr begann ich mein Studium in Mainz.

Dummerweise war da auch dieser Gedanke »Priester werden«. Der ließ mich einfach nicht los. Ehrlich gesagt, fand ich ihn sogar äußerst affig, weil für mich eine Sache absolut klar war: Frauen sind eine der schönsten und genialsten Erfindungen Gottes. Und wie soll das gehen: Ein Leben ohne Sex? Ein Leben ohne Beziehung und Partnerschaft? Ein Leben ohne eigene Kinder? Meine Antwort an Gott: Vergiss es! Such dir einen anderen!

Nach zwei Semestern an der Uni führte mich meine Lebensreise für einen Monat nach Brasilien. Gemeinsam mit Paulo und brasilianischen und deutschen Freunden bauten wir ehrenamtlich ein Haus in Fazenda Velha, einem winzigen Kaff im Südosten des Landes. Hier lernte ich eine Kirche kennen, die mich absolut vom Hocker haute. Lebensnah, authentisch, ehrlich. Eine, die sich für den Nächsten starkmacht. In der gelacht, geweint und miteinander um den richtigen Weg gerungen wird. Und plötzlich war da wieder dieser Gedanke: Du solltest Priester werden.

Zwei Wochen lang nahm ich mir jeden Tag eine kleine Auszeit und trottete auf den Hügel, wo die kleine Kirche des Ortes stand. Dann setzte ich mich in den Schatten eines Baumes und erstellte »Plus- und Minus-Listen«, sammelte Argumente, bat Gott, mir doch einfach irgendein Zeichen zu schicken. Sagte ihm, dass ich diese Idee mit dem »Priester-Werden« ziemlich doof finde. Und doch auch irgendwie spannend. Und es passierte: rein gar nix!

Schließlich entschied ich mich für einen Deal – und betete das schrägste Gebet meines Lebens:

»Gott. Ich hab jetzt echt die Schnauze voll. Ich komme hier nicht weiter. Dieser blöde Gedanke lässt mich einfach nicht los. Jedes Mal, wenn ich ihn wegschieben will, kommt er volle Kanne zurück, wie ein Bumerang. Die Idee fasziniert mich – und du bist dir anscheinend zu fein, mir eine Antwort zu geben. Na super. Deshalb mach ich dir jetzt ein Angebot: Ich werde mich, sobald ich zurück in Deutschland bin, im Priesterseminar anmelden. Ich mach das wirklich! Allerdings hast ab jetzt *du* die volle Verantwortung für alles, was dann passiert! Wenn du denkst, es ist eine blöde Idee, mich als Priester auf die Menschheit loszulassen, musst *du* dafür sorgen, dass es nicht so weit kommt! Ab sofort ist das dein Problem!«

Seit mehr als zwölf Jahren bin ich jetzt Priester in dieser Kirche, in der ich mit vielem ringe und innerlich kämpfe. Eine Kirche, die ich (und das sag ich ganz leise) trotzdem liebe.

Der Deal, den ich an jenem Tag mit Gott ausgemacht habe, gilt noch immer: Ich habe mich bereit erklärt, mich auf seine schrägen Wege einzulassen. Und vertraue drauf, dass es am Ende gut wird. Wohin auch immer dieser Weg mich führen mag.

Einfach genießen

Heißer, starker Kaffee mit viel Milch und Zucker.
Die Tür hinter mir zuziehen und losgehen.
Im Internet nach spannenden Orten und Plätzen suchen – und sie besuchen.
Mit dem Fotoapparat Momente festhalten.

Auf dem Gipfel sitzen und in die Ferne blicken.
Barfuß am Strand entlanggehen.
Auf der Couch chillen.
Mit Freunden reisen.
Und alleine reisen.
Im Freien übernachten.
Der Duft von frisch gemähtem Gras.
Der herbe Rauch des Lagerfeuers.
Ein warmes Croissant vom französischen Bäcker.
Eine ausgiebige heiße Dusche.
Mit einem Caipirinha in der Hängematte liegen.
Eine Kokosnuss leer schlürfen. Und noch eine. Und noch eine.
Aus einer eiskalten Quelle trinken.
Friedensgruß.
Ganz da sein.
Kopfmassage beim Friseur.
WhatsApp-Video-Chat mit Mama.
Das kribbelnde Gefühl, wenn das Flugzeug startet.
Der erste Schritt nach der Landung in Brasilien.
Bohnen und Reis.
Steaks grillen.
Sonnenaufgänge und Sonnenuntergänge bestaunen.
Wandern, bis die Füße qualmen – und einkehren.

Neuland entdecken. Mich von den Meereswellen herumschleudern lassen wie ein kleines Kind.
Mit Skiern unterwegs sein. Spannende Serien und Filme netflixen.
Die passende Playlist für diesen Moment hören.
Meine To-do-Liste nach und nach abhaken, den Computer runterfahren. Feierabend.
Die Stille in Taizé.
Gemeinsam singen und beten und schweigen und hören.
Mit bekloppten Freunden um den Maibaum tanzen.
Albern sein.
Lachen, bis der Bauch wehtut.
Mit meiner Familie und guten Freunden zusammen sein.
#dnkgtt spüren, denken und sagen

Platz für deine »Einfach-genießen-Liste«

Auf der Suche nach dem perfekten Espresso

Die Italiener haben eine Gabe. Sie können zaubern. Sie haben irgendeinen besonderen Trick auf Lager, der sie befähigt, selbst in der ranzigsten Spelunke einen fantastischen Espresso zuzubereiten. Denn ich habe in Italien noch nie einen schlechten Espresso geschlürft. Und glaubt mir – es waren viele!

Weil es auf die Dauer etwas umständlich ist, jeden Morgen für einen leckeren Espresso nach Italien zu düsen, habe ich mir ein Ziel gesetzt: Ich will das selbst können. Ich will den perfekten Espresso zubereiten. Und das in meiner eigenen Küche.

Schritt 1: Das Werkzeug

Nach wochenlangem Suchen, Forschen und Lesen etlicher Blog- und Forumsbeiträge war klar, dass das kein billiger Spaß wird. Eine Siebträgermaschine muss her. Und zwar eine richtig gute, vom italienischen Markenhersteller. Nach einem halben Jahr Sparen und vielen Überlegungen für und wider stand sie in der Küche. Daneben eine professionelle Kaffeemühle.

Schritt 2: Der Rohstoff

Alter Falter. Ich wusste gar nicht, wie schwierig es ist, gute Kaffeebohnen zu besorgen. Sie müssen Top-Qualität haben, sanft geröstet, fair gehandelt und bio sein. In Speyer habe ich einen kleinen Röster gefunden, der mir das passende Material besorgt.

Schritt 3: Rohstoff trifft auf Werkzeug

Seit einem halben Jahr versuche ich nun, den perfekten Espresso zu brauen. Unzählige Tutorials sind über meinen Bildschirm geflimmert. Ein paarmal war ich schon gaaanz nah dran. Mittlerweile ist das Ergebnis meistens gut bis sehr gut. Aber ich will, dass es perfekt ist! Also drehe ich weiter an verschiedenen Rädchen, arbeite an der Bohnenmischung. Mahle den Kaffee mal gröber, mal feiner, kippe mal mehr und mal weniger Espresso ins Sieb, drücke das Zeugs mal fester, mal lockerer. Es ist zum Mäusemelken: Perfekt ist das Ergebnis immer noch nicht!

Fazit 1: Italienerinnen und Italiener können es einfach. Was ist euer Trick?!

Fazit 2: Auf der Suche nach dem perfekten Espresso (und wohl bei jeder Suche nach dem »Perfekten« im Leben) brauchst du jede Menge Zeit und Geduld. Manchmal ist es nervig, und du bist einen Millimeter vorm Aufgeben. Du machst einen kleinen Fortschritt und gleich darauf zwei große Rückschritte.

Mein Rat an dich. Hey, bleib dran! Gib nicht auf. Du wirst dem Ziel näher kommen. Und der perfekte Espresso – der ist es schon wert, dass man für ihn kämpft. Oder?

Angekommen

Ich bin angekommen. Genau hier, im Schatten des alten Baumes vor der Kirche, habe ich vor 20 Jahren meinen ganzen Mut zusammengerafft und mich entschieden, das mit dem »Priester-Werden« mal zu versuchen.

Hierherzukommen ist, wie nach Hause zu kommen.

Als ich am Abend mit den Menschen Gottesdienst feiere, wird mir bewusst, wie sehr dieser Ort und dieses Land meinen Weg und meine Art, Priester zu sein, geprägt haben.

Der Pfarrer kann hier nur einmal im Monat vorbeischauen, da er ein riesiges Gebiet zu betreuen hat. Die meisten Gottesdienste feiern die Dorfbewohner ohne ihn. Die Menschen hier arbeiten hart, verdienen wenig und haben ein großes Herz. Nach und nach trudeln sie zum Gottesdienst in der Kirche ein. Sie knien sich kurz zum Gebet hin und setzen sich dann zum gemütlichen Erzählen in Grüppchen zusammen. Die Kirche ist hier tatsächlich ein Ort des Gebetes und der Gemeinschaft. Ein heiliger und lebendiger Ort.

Als der Gottesdienst beginnt, wird es still. Eine junge Frau holt das Allerheiligste aus dem Tabernakel und stellt es auf den Altar. Eine ältere Frau leitet das Gebet an. Wir singen, wir beten. Es sind schlichte, frei formulierte Gebete, die von Herzen kommen und offensichtlich das Leben der Menschen hier berühren.

Ein alter Mann kommt auf mich zu und bittet mich, das Evangelium vorzulesen. Danach will ich wieder zu meinem Platz zurückgehen, als plötzlich jemand ruft, ich solle doch bitte auch noch predigen (uma mensagem para nos – »eine Botschaft für uns«). In meinem Kopf wird alles leer: Ich soll ohne Vorbereitung predigen. Und dann auch noch auf Portugiesisch …

»Jesus, jetzt musst du helfen«, denke ich kurz und fange dann an zu reden. In einfachen Worten; in gebrochenem Portugiesisch. Die Leute hören aufmerksam zu, und ich sehe an ihren Blicken, dass sie mitgehen. Nach ein paar Minuten bin ich fertig, sage »Amen« und blicke in fröhlich strahlende Gesichter. Es wird geklatscht, und ich verdrücke mich erleichtert auf meinen Platz inmitten der Leute. Zum Schluss werde ich von der Gottesdienstleiterin gebeten, noch ein letztes Mal nach vorne zu kommen und den Segen zu spenden.

Von hier aus gehe ich gestärkt weiter. Dankbar dafür, dass diese Menschen und die brasilianische Kirche mich und mein Priestersein geprägt haben.

Weite. Einfachheit. Freiheit. Diese drei Worte nehme ich heute mit.

Sehnsuchtsorte

Es gibt Orte auf diesem Planeten, die mein Herz höher schlagen lassen, wenn ich nur an sie denke.

Brasilien. Manche von euch werden jetzt an die Copacabana denken. An weiße Strände, an Samba, an Caipirinha und südamerikanisches Flair. Ich denke an meine »Familia Brasileira«: An jene Brasilianerinnen und Brasilianer, die mich und meine Einstellung zum Leben so tief geprägt haben, dass ich fast täglich an sie denke. An diesen kleinen Ort im Nirgendwo, an dem ich gespürt habe, dass Jesus mich ruft, Priester zu werden. An Paulo, Elsio, Fia, Maria, Neil, Karla, Luca und Julie, Leia, Anderson und Leonici … Ich denke an ein Zuhause, das 10 000 Kilometer entfernt auf mich wartet. An eine offene Tür, einen Ort, an dem immer ein Bett für mich bereitstehen wird und ein Platz am Tisch. Ach ja: Und an Caipirinha denke ich natürlich auch ;-)

Taizé. Ein winziges Kaff im französischen Burgund. Etwas heruntergekommen, mit einer 70er-Jahre-Kirche, schlechtem Essen und unbequemen Betten. Ein Ort voll mit total verschiedenen Jugendlichen, jungen Erwachsenen und auch älteren Semestern aus aller Welt, die sich jeweils für eine Woche bei einer Gemeinschaft christlicher Mönche einquartiert haben. Ein Platz, an dem es keine Rolle spielt, wie du aussiehst und ob du an Gott glaubst oder nicht. Ein Örtchen, an dem du beim gemeinsamen Beten, beim Gemüse-Schnippeln und auch beim Klo-Putzen über das Leben an sich und die Liebe ins Gespräch kommen kannst. An dem du immer jemanden findest, um über Musik, Hobbys, Sex, den Job, die Schule, Gott und all die anderen wichtigen Fragen reden kannst. Das hat was, auch von einer Hippie-Kommune. Und es ist einer der genialsten Orte auf dieser Welt, um sich mit sich selbst und dem eigenen Weg auseinanderzusetzen.

Neuseeland. Dort war ich noch nie. Seit ich jedoch die Filme *Herrn der Ringe* und *Der Hobbit* gesehen habe, weiß ich: Da muss ich irgendwann unbedingt mal hin.

Saarland. Ja, ich weiß, viele finden diesen Landstrich nicht besonders charmant. Und ich kenne die ganzen Saarländerwitze. Aber hier ist nun mal mein Zuhause. Dieses winzige Fleckchen zwischen Frankreich und Deutschland mit all seinen Eigenarten ist mein Zuhause. Ich liebe die Menschen, den (für andere anscheinend grauenhaften) Dialekt und unser Nationalhobby – das »Schwenken«. Für Nicht-Saarländer*innen: das Grillen von herzhaften Steaks auf einem »schwenkenden« Drei-Bein-Grill.

Japan. Keine Ahnung warum – aber dieser Teil der Welt und seine Kultur sind mir so fremd, dass ich neugierig bin.

Was sind deine Sehnsuchtsorte?
Und warum?

4
GEGENWIND

Das Pfeifen des Windes in den Ohren

Bist du mal mit dem Fahrrad im Gegenwind gefahren? Ich rede nicht von einer kurzen Böe. Sondern von richtigem Wind, der dir stetig entgegenweht.

Du stemmst dich dem Wind entgegen, du trittst wie blöd in die Pedale und kommst trotzdem kaum vorwärts. Du strengst dich an, trittst noch fester rein, und das Pfeifen des Windes dröhnt in deinen Ohren wie ein hämisches Lachen. Dein Kopf ist knallrot, deine Beine brennen, du keuchst und schnaufst wie eine alte Dampflok, die sich mühsam Meter um Meter nach vorne quält. Vielleicht schimpfst du gegen den Wind an, doch der lacht noch lauter, bis du einfach keinen Bock mehr hast zu strampeln. Bringt aber nix – denn du musst ja irgendwie vorwärtskommen. Also kämpfst du weiter gegen den Wind an.

Es gibt Tage, da komm ich mir vor wie ein Radler im Gegenwind. Die fühlen sich an, als hätte sich die Welt gegen mich verschworen. Als ob sie mir einen eiskalten Gegenwind ins Gesicht bläst. Und ganz so, als würde ich auf einer nicht enden wollenden, öden Landstraße im Schneckentempo gegen den Wind kämpfen. Auf dem Weg zu einem Ziel, das irgendwo unsichtbar hinter dem Horizont liegt.

Jedes Mal, wenn ich denke, der Wind legt sich, pfeift mir die nächste Böe höhnisch um die Ohren. Energie- und Gute-Laune-Level sinken ins Bodenlose. Das Leben kann so ein A…loch sein.

Ich würde dir gerne etwas anderes sagen, aber: Gegenwindtage gehören zum Leben dazu. Genauso wie die Sonnen- und Regentage. Bisweilen kannst du sie kommen sehen und versuchen, dich irgendwie darauf vorzubereiten und zu wappnen. Oft kommt der Wind jedoch ohne jede Vorwarnung. Und manchmal entwickelt er sich zum Sturm.

An solchen Tagen kann ich nichts weiter tun, als langsam weiterzuradeln. So schnell, wie es meine Kräfte eben hergeben. An solchen Tagen tut es mir gut zu wissen, dass ich »Schutzhütten« habe, in die ich mich für eine kurze Rast zurückziehen kann. Orte oder Menschen, die mir Kraft geben, wenn draußen im Alltag ein eiskalter Wind pfeift.

Es ist gut zu wissen, dass Gott in solchen Zeiten neben mir herradelt, mich motiviert und unterstützt. Von Zeit zu Zeit schiebt er ein wenig. Und wenn ich seine Unterstützung hin und wieder einfach nicht spüre, kann ich ihn wenigstens anschreien und mit ihm schimpfen. Auch das tut gut – und er hält es aus. Keine Sorge.

Und es ist einfach gut zu wissen, dass ich nicht der Einzige bin, der im Gegenwind unterwegs ist. Dass es Verbündete gibt, mit denen ich mich zusammentun kann.

Und dass auch der mieseste Sturm irgendwann vorübergeht.

A…kalt

Irgendwie hat sich scheinbar die ganze Welt gegen mich verschworen. Gestern musste ich die Gipfelbesteigung nach zwei Stunden abbrechen, weil mich auf halber Strecke ein Gewitter überrascht hat. Dort oben in den Bergen geht einem bei Gewitter ziemlich schnell der Hintern auf Grundeis: Rings um dich geht die Welt unter, Blitze schlagen ein, und es gibt weit und breit keinen Unterschlupf. Also bin ich

den Berg runtergerannt und habe den Rest des Tages auf der warmen Couch verbracht. Heute versuche ich es wieder: eine Rundtour von der Mittelstation der Giggijochbahn über die Rotkogelhütte und den Schwarzsee zum Rettenbachgletscher und wieder zurück.

Schon nach den ersten 500 Metern Aufstieg beginnt es zu nieseln. Macht nichts – ich habe eine Regenjacke dabei. Während ich tapfer bergauf marschiere, begegnen mir am laufenden Band Wanderer, die bereits das Handtuch geworfen haben. Ich gehe trotzdem weiter, obwohl es mittlerweile hagelt. Ganz weit vor mir kann ich mit viel Fantasie die Rotkogelhütte erkennen. Bis dahin komme ich auf jeden Fall – der Regen kann mich mal!

Beim Weitergehen spüre ich, dass die Regenjacke langsam kapituliert. Ich friere und schwitze gleichzeitig und setze mühsam Fuß vor Fuß. Bei jedem Schritt denke ich ans Aufgeben. Aber ich bin ein sturer Dickschädel und kämpfe mich weiter bergauf.

Als ich in der Hütte ankomme, bin ich klatschnass. Durch bis auf die Unterwäsche. Ich bestelle einen Kaffee, ein Radler und ein Handtuch und sitze erst mal eine Stunde ins Handtuch gehüllt im Restaurant. Scheint keinen zu stören. Während meine Knochen auf diese Weise langsam vor sich hin tauen, fasse ich den einsamen Beschluss, die Sache durchzuziehen … Weiter geht's zum Schwarzsee, dann zum Rettenbachgletscher und von dort wieder bergab ins Tal.

Fünf Stunden später stehe ich völlig entkräftet unter der heißen Dusche meines winzigen Appartements und bin einfach nur glücklich. An diesem Tag habe ich gefroren, gelitten, gekämpft und war ständig an der Grenze zum Aufgeben. Ich bin gestolpert, gefallen, habe blaue Flecken davongetragen und bin nun völlig durchgefroren. Aber es war dennoch nicht nur kalt, sondern richtig cool. Ich habe ganz alleine an einem zugefrorenen Bergsee gesessen und den schwarzblauen Himmel bestaunt. Heute bin ich bis an meine Grenzen gegangen. Und das fühlt sich so gut an.

Dieser Tag war a…kalt. Und er war: absolut der Hammer!

#dnkgtt

Schwedische Kuckucksuhren

Meine beste Freundin ist absoluter Schwedenfan. Sie ist total vernarrt in dieses Land und quasselt mir schon seit Ewigkeiten ein Ohr ab, weil sie Fernweh hat und mir »ihr Schweden« unbedingt mal zeigen möchte. Also buchen wir einen Wochenend-Kurztrip. Von Frankfurt aus geht's nach Stockholm. Abflug gegen 9 Uhr morgens. Wir müssen also früh aus den Federn. Mein Job ist es, den Wecker zu stellen, damit wir pünktlich am Gate stehen. Ich bitte das iPhone, mich um 3 Uhr zu wecken, und ziehe mir die Decke über den Kopf. Bonne nuit.

Nächster Tag. Kirchenglocken stören meinen Schlaf. Seltsam. Die läuten doch erst um 7 Uhr morgens – was ist denn da los? Ich schaue verschlafen aufs iPhone, und mein Puls katapultiert sich in ungeahnte Höhen. Sch…! Der Wecker hat nicht funktioniert.

Ich düse ins Wohnzimmer, wo meine Freundin noch tief und fest schläft, und schreie sie aus ihren Träumen. Sie flitzt ins Bad; ich in die Küche, um wenigstens die Zähne zu putzen. 20 Minuten später sind wir im Auto, und ich gebe schimpfend Vollgas. Die Laune ist auf dem Nullpunkt.

Nach weiteren 20 Minuten trete ich auf die Bremse und drehe um. Es bringt nichts. Selbst wenn wir weiterhin Vollgas fahren würden, reicht die Zeit nicht. Denn am Flughafen müssen wir noch parken und zum Gate rennen. Und es ist klar: Das schaffen wir nie! Adieu, Schweden.

Eine Weile später sitzen wir im Wohnzimmer und überlegen, wie es weitergehen soll. Die Stimmung ist angespannt – aber Streiten bringt jetzt nichts. Wir entscheiden, aus dem Schweden-Wochenende einen Frankreich-Schwarzwald-Kurztrip zu machen. Drei Tage lang gondeln wir durch die Gegend, genießen die Auszeit und besichtigen mindestens drei »größte Kuckucksuhren der Welt«.

Trotz des miesen Starts war's ein richtig gutes Wochenende. Bei den schwedischen Kuckucksuhren …

So. Ihr Lieben. Legen wir mal kurz all die netten, schönen und spannenden Geschichten, die in diesem Buch stehen, an die Seite. Klappen wir für ein paar Augenblicke das Visier hoch und packen alle gut gemeinten Erklärungsversuche zur Seite. Fakt ist: Das Leben ist manchmal richtig beschissen! Es gibt Momente, an denen nichts – absolut nichts – Gutes oder Schönes ist. Da kannst du noch so tief in der »Fromme-Sprüche-Kiste« wühlen. Und wenn du mir in so einem Moment mit Sprüchen wie »Gott liebt dich« kommst, solltest du achtgeben, dass ich dir nicht mitten in die … schlage. Ganz ehrlich: Fromme Sprüche kann ich in solchen Momenten nicht brauchen. Im Gegenteil: Sie machen mich wütend und aggressiv.

Wenn ein Mensch stirbt, den du liebst.

Wenn eine Freundschaft wie eine Seifenblase zerplatzt.

Wenn dein Traum sich plötzlich in schwarzes Nichts auflöst.

Wenn dich jemand zutiefst verletzt oder enttäuscht.

Wenn dir eine Nachricht den Boden unter den Füßen wegzieht.

Wenn dich irgendjemand oder irgendetwas bis ins Mark erschüttert.

Dann gibt's keine Worte mehr.

Keine noch so gut gemeinte Botschaft, die helfen könnte.

Dann gibt's da nur dich und den Schmerz. Den Gegenwind. Den Zweifel.

Wenn mich jemand fragt, wie ich mir die Hölle vorstelle, dann denke ich an solche Momente. An diese Hölle, die ich schon kennengelernt habe; durch die ich schon gegangen bin; und die ich niemandem wünsche.

Was ich mir und dir hingegen wünsche: genügend Kraft, dem Gegenwind der Hölle standzuhalten. Genügend Hoffnung, auf bessere Tage zu warten. Eine Freundin oder einen Freund, der dich in diesen Situationen nicht zulabert, sondern einfach an deiner Seite steht.

Vor allem aber wünsche ich dir die Erfahrung des »Danach«: den Moment, in dem du spürst, dass der Gegenwind langsam abflaut. den Moment, in dem du leise beginnst, wieder zu hoffen. Trotzdem.

Unsere Welt ist nicht perfekt.
Da ist so vieles brüchig, rissig, schief, nicht stimmig.
Da gibt es so viele Scherben und Wunden.
Und mittendrin: kommt Gott zur Welt.
Er wird Mensch. Geht keine Kompromisse ein.
Lebt mitten unter denen, deren Leben brüchig ist.
Geht zu denen, die nicht perfekt sind.
Manche Wunden heilt er. Andere nicht.
Er nimmt sie wahr. Voller Ernst. Voller Liebe.
Gießt keine fromme Soße drüber.
Sagt keine leeren Worte, die nichts bringen.
Er ist dabei.
Weil du ihm alles bedeutest.
Weil du ihm wertvoll bist.
Wertvoller als alles Gold der Welt.

HEILIG.

Gott sieht die vielen kleinen und großen Steine,
aus denen sich dein Leben aufbaut.
Jeder Stein in deinem Lebensgebäude ist einzigartig.
So, wie du einzigartig bist.

Die wenigsten Steine sind symmetrisch oder gar perfekt.
Oft sind sie ungleichmäßig, haben Kratzer und Risse.
Manche sind zerbrochen.
Scherben. Alle gehören dazu.
Sie machen dich aus.
»Ich habe die Risse in diesen Steinen vergoldet.«

Das macht sie nicht weg. Das repariert sie nicht.
Aber es stellt sie in ein anderes Licht.
In das Licht Gottes. Er ist bei dir.
Ich wünsche dir, dass du das erfahren und spüren kannst.

Aber-Sager

Es gibt einen Typ Mensch, mit dem habe ich echt meine Probleme. Der bringt mich im Nu auf die Palme, der nervt mich an und lässt mir den Kamm schwellen. Der sorgt dafür, dass sich meine Zehennägel hochrollen und ich ganz schnell im Anti-Modus bin. Der strapaziert meine Nächstenliebe kolossal: Der ABER-SAGER.

Dieser Typ Mensch ist dermaßen kritisch eingestellt, dass er in jeder noch so delikaten Suppe ein Haar findet. An jeder noch so genialen Idee hat er etwas auszusetzen, etwas zu bemängeln, etwas zu nörgeln. Er sieht hinter jeder Ecke eine Gefahr lauern und findet immer (wirklich immer!) einen Grund, *aber* zu sagen.

Mit seinen »Abers« sorgt er dafür, dass kreative, experimentelle, wirklich spannende Ideen bis zum Erbrechen totdiskutiert werden. So lange, bis die Luft raus ist und die Idee ad acta gelegt wird. Er lässt es nicht zu, dass du nicht auf jede Antwort eine Frage hast. Dass du einfach gerne mal losgehen würdest, um unterwegs zu lernen, was geht und was nicht. Der Aber-Sager ist der Gegenpart zum entdeckungsfreudigen Abenteurer.

Versteht mich nicht falsch. Unsere Welt braucht beides: die kreativen Typen, die mit schrägen Ideen und Projekten experimentieren und so ganz neue Perspektiven und Möglichkeiten entdecken. Und die vorsichtigen Aber-Sager, die Struktur reinbringen und sich nicht jede Schnapsidee als das neue Nonplusultra verkaufen lassen.

Ich glaube aber (ups), dass unsere Welt weniger *Aber-Sager* und mehr Abenteurer bräuchte. Dass es uns guttun würde, öfter mal mit Gelassenheit, Neugier und Offenheit von den ausgetretenen Pfaden abzuweichen und so neue

Wege zu entdecken. Und ich glaube, dass Gott total auf die schrägen Typen steht. Er mag die neugierigen Abenteurer. Weil er selbst einer ist. Siehe Jesus.

5
ZWEIFEL

Alles gegeben

Bin ich vielleicht einfach blöd oder unfähig? Kapiere ich's nur irgendwie nicht? Oder bin ich am Ende auch einer dieser Idioten, die gar nicht so viel auf dem Kasten haben, wie sie manchmal denken?

Hin und wieder sitze ich da, betrachte fassungslos den Schrotthaufen, der mal eine schicke Karre gewesen ist und den ich nun mit ordentlich Schmackes an die Wand gefahren habe.

Da war mal ein Plan, eine Idee, ein Traum. Ein Gedanke, für den ich mich total ins Zeug gelegt habe; der mir richtig wichtig war. Ein Projekt in das ich viel Zeit und Energie investiert habe. In das ich, ohne zu zögern, mein Gehirnschmalz und meine Liebe reingesteckt habe. Ein echtes Anliegen, ein Herzensprojekt – das es vielleicht immer noch ist.

Ich hab jedenfalls wirklich alles gegeben. Und es total versemmelt.

Was habe ich übersehen? An welcher Stelle habe ich nicht gut genug aufgepasst? War ich zu stolz, kritische Rückfragen und Impulse ernst zu nehmen? Waren da irgendwo gute Ratgeber*innen, die ich ignoriert habe? Oder falsche Freund*innen, denen ich zu viel Macht gegeben habe? Wo habe ich zu lange gewartet, und wo bin ich zu schnell nach vorne geprescht? Habe ich vielleicht doch zu wenig Einsatz gezeigt?

In welchem Moment ist die Sache aus dem Ruder gelaufen, und was habe ich dazu beigetragen oder versäumt? Wen habe ich mit meinem Handeln oder meinem Nichtstun verletzt? Und was sind die Folgen meines Scheiterns – für mich und für andere?

Hin und wieder passiert mir so etwas, dass ich irgendwann total feststecke. Und es tut weh.

Es tut mir weh; und ich weiß, dass es auch anderen Menschen wehtut. Wenn der Karren an die Wand knallt, entstehen Kratzer, Blessuren und Wunden. Die ich nicht gewollt habe. Und für die ich trotzdem die Verantwortung trage.

Was ich tun kann? An mir zweifeln? Ja, das gehört wohl dazu. Das kann aber nicht alles sein. Denn so igele ich mich nur in Selbstmitleid ein.

Ich kann lernen. Lernen, wie es besser gehen könnte. Achtsamer werden, nicht den gleichen Mist erneut zu bauen. Ich kann hoffen, dass mir die Menschen, die ich verletzt habe, verzeihen.

Und ich kann vertrauen. Darauf, dass Gott mich nicht deswegen liebt, weil ich so ein toller Hecht bin. Sondern obwohl ich manchmal einfach nur ein ganz normaler Idiot bin, der sein Leben und seine Aufgaben nicht auf die Kette kriegt.

Dämliches Herbstlaub

Als Jugendlicher hatte ich ein gespaltenes Verhältnis zu Samstagen. Sie standen für ausschlafen, keine Schule, rumhängen und chillen. Super.

Es waren aber auch die Tage, an denen ein großer Besen, ein Eimer und eine Schippe auf mich warteten. Samstag ist Kehrtag. Mein Beitrag zum Familienhaushalt. Und es gab VIEL zu kehren, da unser Haus an einem großen Kirchenvorplatz stand …

So richtig nervig waren die Samstage im Herbst. Versuch mal, über 100 Meter Gehwege von feucht-klebendem Laub zu befreien. Mehr schrubbend als kehrend arbeitest du dich Schritt für Schritt vorwärts und machst alle paar Meter deine Laubhäufchen. Während du das tust, weht der Wind über den Platz, pustet durch die Bäume und wirft neues Laub auf den mühsam gesäuberten Weg hinter dir. Dieses dämliche Herbstlaub weigert sich standhaft, einfach mal liegen zu bleiben. Du hast das Gefühl, nie fertig zu werden. Kaum ist ein Wegstück sauber, ist es schon wieder dreckig. Es ist zum Verzweifeln. Ich hab echt viel gelitten an solchen Herbstsamstagen …

Jetzt besitze ich eine kleine Wohnung und habe das Glück, dass die Stadtgärtnerei den Platz vor der Haustür kehrt: Yeah!

Statt dämlichem Herbstlaub gibt es heute jedoch einen viel dichteren Kalender und eine knallvolle To-do-Liste in meinem Leben: Aaaahhh!

Im Grunde hat sich wenig geändert: Noch immer versuche ich, Schritt für Schritt vorwärtszukommen. Noch immer fällt ständig neues »Herbstlaub« auf den Weg – neue Herausforderungen und Aufgaben, die gerne zum absolut unpassenden Zeitpunkt auftauchen und mir das Gefühl geben, keinen Zentimeter vorwärtszukommen. Jedes Mal, wenn ich denke, ich hab den Besen und mein Leben im Griff, kommt die nächste Böe. Garantiert.

Irgendwie gehört das Besen-Schwingen wohl zum Leben dazu. Ich hab mir vorgenommen, etwas weniger zu fluchen (da muss ich noch üben) – und die kleinen Erfolge und Fortschritte viel mehr zu feiern. Zum Beispiel die Momente, in denen die Sonne rauskommt und der Wind sich legt. Und in denen das Herbstlaub dann einfach nur schön und bunt aussieht.

Ratgeber

Ist dir mal aufgefallen, wie viele schlaue Ratgeber es gibt? Du kannst dich zu allen möglichen Aspekten deines Lebens beraten lassen: Es gibt Ratgeber, die dir beim Basteln, Werkeln, Schrauben helfen. Welche, die dich beim Kochen, Brutzeln, Backen unterstützen. Ratgeber zum Putzen, Waschen, Reinigen. Zum Nähen, Fotografieren, Programmieren und spritsparenden Autofahren. Andere kreisen ums Reisen, Essen und Trinken. Manche raten zum Abnehmen oder zum Sportmachen. Große Gesundheitsratgeber, manches zur Erziehung und zum Überleben im Job. Es gibt für ALLES Ratgeber. Wie genial ist das denn?!

Wenn ich vor irgendeiner Aufgabe stehe und gerade nicht so recht weiß, wie ich sie am besten bewältige, schaue ich ins scheinbar allwissende Internet, frage um Rat und zack: Irgendjemand hatte garantiert schon mal ein ähnliches Problem und kann mir bei der Lösung meiner Fragen helfen. Jetzt muss ich nur noch die falschen und sinnfreien Ratschläge rausfiltern (klappt in der Regel recht gut), und schon steht die Strategie. Kann losgehen. Daumen hoch für ganz konkrete und praktische Ratgeber aus dem Netz (oder die aus dem Buchladen um die Ecke).

Aber Achtung: Da draußen gibt's auch Ratgeber, die dir versprechen, dein Leben, deine Beziehung, deinen Glauben zu perfektionieren. Spätestens wenn es um solche großen Themen geht, werde ich extrem vorsichtig und kritisch. Woher soll irgendeine Autorin oder ein Autor wissen, wie ich so etwas unendlich Komplexes wie mein Leben auf die Reihe kriegen kann? Wenn es ein »Rezept« für gelingendes Leben gäbe – würde dann nicht schon längst die gesamte Menschheit auf Wolke sieben schweben und wunschlos glücklich sein?

Nee. Kein Buch der Welt (ausgenommen vielleicht die Bibel) und kein noch so schlauer Tipp aus dem Internet werden dir helfen, ein erfülltes Leben zu führen. Und wenn dir jemand so etwas verspricht, darfst du gerne und laut zweifeln. Auch ich kenne kein Rezept dafür (sonst wäre ich schon längst reich). Nur eine Fährte, die mir vielversprechend erscheint: Ich glaube, dass an dieser »Liebe deinen Nächsten wie dich selbst«-Idee was dran ist. Ich habe den Verdacht, dass dieser Weg tatsächlich etwas bewirken könnte. Für mein Leben. Meine Beziehungen. Meinen Glauben. Diese Welt.

Die Waschmittelkrise

Neulich stand ich mal wieder zehn Minuten lang vorm Waschmittelregal im Supermarkt. Faszinierend, wie viele verschiedene Mittelchen es gibt, um die Wäsche sauber zu machen. Feines und grobes Pulver. Pulver mit und ohne farbige Kügelchen drin. Color-, Vollwaschmittel und Feinwaschmittel. Flüssig oder in lustigen Caps mit zwei oder drei Kammern und dem Hinweis, man möge doch seine Kinder von dem verlockend lecker aussehenden bunten Zeugs fernhalten. Mit allerlei Düften versetzt oder völlig geruchsfrei. Mit »Bio«-Zutaten und ohne selbige. Günstig und teuer. Alle prahlen damit, supertoll und sanft zur Wäsche zu sein.

Ich will doch einfach nur meine blöde Wäsche waschen! Und kriege regelmäßig die Krise, weil mich die Auswahl überfordert und ich wie ein Depp vor dem Waschmittelregal stehe …

Die Waschmittelkrise begegnet mir in anderer Form übrigens auch im Alltag immer wieder. Da geht es meistens jedoch nicht um dreckige Wäsche, sondern um andere handfeste Entscheidungen, die ich treffen muss: Ich stehe an einem bestimmten Punkt und weiß gerade nicht, welcher nächste Schritt jetzt der beste wäre. Es gibt mehrere Möglichkeiten. Manche davon lassen sich recht flott aussortieren. Doch häufig bleiben noch Auswahlmöglichkeiten und Fragen offen. Das viele Grübeln über Vor- und Nachteile von A, B oder C strapaziert den Geduldsfaden. Und je länger ich mir die Beine in den Bauch stehe, desto klarer wird mir, dass ich mich bald entscheiden muss – es soll ja weitergehen.

Ab und an bleibt nichts übrig, außer »Trial and Error«. Du triffst eine Entscheidung, schnappst dir ein Mittel und probierst aus, ob es tut, was es soll. Es gibt nicht immer ein Falsch oder Richtig – sondern es ist eher ein Ausprobieren und Dazulernen. Und oft genug fragst du dich im Nachhinein, warum du dir die Entscheidung eigentlich so schwer gemacht hast …

Keine Chance?

Der Klimawandel kommt. Nein, er ist schon längst da. Und wir Menschen haben keine Zeit mehr, ihn abzuwenden. Zu lange haben wir gewartet; zu viele Chancen und Möglichkeiten verstreichen lassen. Jetzt können wir nur noch hoffen und versuchen, das Schlimmste zu verhindern, indem wir alle gemeinsam anpacken, als Weltgemeinschaft. Für unsere Kinder und die kommenden Generationen. Ob uns das gelingen wird?

Zweifel sind berechtigt. Ist es schon zu spät?

In Deutschland hat wieder eine Partei Fuß gefasst, die populistische Parolen von sich gibt und rechtes Gedankengut in Köpfe und Herzen sät. Wir hatten die Chance, aus den grauenhaften Geschehnissen rund um den Zweiten Weltkrieg zu lernen und menschenverachtenden Parolen ein für alle Mal Einhalt zu gebieten. Stattdessen gedeihen populistische Fantasien scheinbar weltweit mit zunehmender Geschwindigkeit. Werden Demokratie und Menschlichkeit sich dagegen durchsetzen – oder haben sie keine Chance?

Seit 2000 Jahren erzählt die Christenheit die Frohe Botschaft weiter. Die Bergpredigt mit ihren Seligpreisungen ist voller politischen Potenzials, voll von guten Gedanken, mit denen wir unsere Welt von Grund auf neu gestalten könnten.

Seit 2000 Jahren versucht Gott uns zu erklären, wie sehr er uns liebt. Wie genial unser Zusammenleben auf der Erde aussehen könnte.

Wie weit sind wir in diesen 2000 Jahren gekommen, wenn selbst in der Kirche Machtstrukturen herrschen, die Menschen verletzen, benachteiligen und Missbrauch begünstigen?

Stand Gottes Vision von einer besseren Welt von Anfang an im Abseits?

Wir Menschen bekriegen uns gegenseitig. Mächtige Systeme beuten die Schwachen aus, benachteiligen die Kleinen. Wir machen um des Profits willen unseren großartigen Blauen Planeten zu einer stinkenden braunen Kloake. Wieder und wieder. Es scheint in unserer DNA zu stecken.

Stell dir mal vor, wir alle würden sagen: »Zu spät. Bringt eh nix mehr. Keine Chance.«

Stell dir vor, wir alle würden dem Zweifel freien Lauf lassen – und niemand würde mehr dem Traum von einer anderen, einer besseren Welt hinterherjagen?

Was für eine trostlose Vorstellung!

Wie gut, dass Gott uns nicht aufgibt. Dass er sich standhaft weigert, uns fallen zu lassen.

Wie gut, dass es Menschen gibt, die dem Zweifel standhalten. Die gegen jede Vernunft an eine bessere Welt glauben und sich im Großen und im Kleinen dafür einsetzen.

Wie gut, dass manche das Risiko des Scheiterns eingehen. Weil die Hoffnung in ihnen größer ist als der Zweifel.

Welchen Weg wirst du gehen?

Check-in-Panik

Morgen früh geht's los. Mit 55 jungen Erwachsenen von Frankfurt nach Costa Rica. Die Teilnehmer*innen unseres Abenteuers haben eine Messenger-Gruppe gegründet, um sich untereinander abzusprechen, in Kontakt zu bleiben und Tipps und Tricks auszutauschen. So weit, so gut. Wäre da nicht der Streik. Vor einigen Wochen haben wir noch Witze gemacht: »Solange niemand streikt, sollten wir das mit dem Abflug und dem Anschlussflug in Madrid irgendwie hinbekommen.«

Tja. Jetzt ist es doch passiert. Unsere Fluggesellschaft hat für heute alle Flüge gestrichen. Unser morgiger Flug findet nur »wahrscheinlich« statt.

Die Kommunikation in der Messenger-Gruppe zeigt: Die Spannung steigt. Gleichzeitig breitet sich Unsicherheit und Nervosität aus. Vielleicht auch etwas Angst. »Was wird, wenn es schiefgeht? Kommen wir dann überhaupt noch rechtzeitig zu der Veranstaltung nach Costa Rica?« Fragen werden gestellt und Vermutungen geäußert.

Da ist eine Sehnsucht nach Sicherheit, wo es keine geben kann. Ob wir morgen wie geplant starten werden? Das steht in den Sternen.

Wie gerne würde ich den jungen Teilnehmer*innen unserer Reise ein Stück des Vertrauens abgeben, das mich gerade recht locker abwarten lässt, was kommt. Klar, auch ich merke das Adrenalin in meinem Kreislauf. Die ganze Zeit über bin ich hellwach und beobachte, wie sich die Dinge entwickeln. Dies ist jedoch weder unangenehm noch verunsichernd. Es ist mehr ein »Hui – bin total gespannt, was passieren wird«. Auf welchem Weg wir an unser Ziel kommen. Welche verrückten Herausforderungen noch so auf uns warten.

Bei alldem spüre ich ein tiefes Vertrauen. Egal wie der Weg aussieht, den wir am Ende gehen: Es wird gut werden. Nicht locker-flockig, aber gut. Weil Gott mit im Boot ist. Und im Flugzeug. Und überall da, wo wir in den nächsten Wochen auf Achse sein werden.

PS: Wir sind alle gut in Costa Rica angekommen. Nur beim Rückflug gab's Schwierigkeiten. Aber hey – wir hatten eine verdammt geniale Zeit ;-)

Mist. Ich hab mich verliebt

Vor einer Woche haben Gott und ich einen Deal geschlossen: »Ich probier's mal mit dem Priester-Werden – und du sorgst dafür, dass ich dabei bleibe oder eben nicht.« (Siehe Seite 43)

Jetzt ruckele ich in einem Reisebus durch die brasilianische Pampa und habe einen heftigen Anfall von »Liebe auf den ersten Blick«.

Ihr Name ist Renata, und sie ist mir schon ein paarmal aufgefallen, weil sie total hübsch und unglaublich sympathisch ist. Heute Nacht, beim Abschiedsfest, haben wir stundenlang miteinander getanzt, über Gott, die Welt und unsere Träume geredet. Wir haben uns angelacht, und es hat zwischen uns gefunkt. Es hat einfach gepasst: ihr Lächeln, ihre Augen, ihre ganze Art. Wow!

Zum Abschied haben wir uns innig umarmt. Wie zwei Verliebte, deren Wege sich trennen.

Meine Gedanken spielen seit Stunden Kopfkarussell. »Gott, willst du mir damit sagen: ›Lass das mit dem Priester-Werden mal besser sein?!‹ Seit einer gefühlten Ewigkeit bitte ich dich, mir irgendein Zeichen zu schicken. Und jetzt, wo ich mich endlich entschieden habe, bin ich plötzlich bis über beide Ohren verknallt, und meine Reisegefährten haben's auch schon gemerkt.«

Ich habe keinen blassen Schimmer, wie's weitergehen soll. Priester werden hört sich gerade einfach nur dämlich an. Und Renata wird in ein paar Tagen 10 000 Kilometer weit weg sein, wenn ich zurück nach Deutschland fahre. »Danke für nichts.«

20 Jahre ist das jetzt her. Ich bin dann doch Priester geworden, und Renata ist (hoffentlich glücklich) verheiratet. Wir haben uns nie wieder getroffen. Ab und an denke ich an sie, und die Brasilianer berichten mir, dass auch sie hin und wieder nach mir fragt. Wir sind verschiedene Wege gegangen – aber wir beide werden diese Nacht wohl niemals vergessen.

Heute bin ich dankbar für diese Erfahrung. Auch wenn sie mich wochenlang in eine Krise gestürzt hat. Ich glaube, Gott hat mir tatsächlich ein Zeichen geschickt. Mit seinem schrägen, tiefsinnigen Humor hat er gesagt: »Denk bloß nicht, dass ich es dir zu einfach mache. Deine Berufung wird niemals ›fertig‹ sein. Du wirst immer wieder vor Wegkreuzungen stehen und entscheiden müssen, wohin du weitergehst. Da werden Zweifel sein und heftige Herausforderungen. Es wird ein Abenteuer sein. Voller Höhen und Tiefen. Voller Glück und auch mit manchen Schmerzen. Und ich – werde an deiner Seite sein.«

Wenn Gott schweigt

Ohrenbetäubende Stille. Schwarzes Nichts. Absolute Dunkelheit. Endlose Leere. Blind und taub.

Es ist, als wäre der Kontakt zu Gott für immer abgerissen. Als hätte es ihn vielleicht nie gegeben. Zweifel liegen wie tonnenschwere Gewichte auf deinen Schultern und drücken

dich nieder. Du spürst einen dumpfen Schmerz. Trauer. Verzweiflung. Wut. Einsamkeit.

Manchmal fühlt sich Glaube genauso an. Es ist, als löse er sich in nichts auf. Du fühlst dich total alleingelassen. Vielleicht, weil dein Leben dich gerade vor eine Aufgabe gestellt hat, die dich hoffnungslos überfordert. Vielleicht, weil um dich herum Dinge geschehen, die dich bis ins Mark erschüttern. Vielleicht, weil du momentan keinen Ausweg siehst und nicht mehr weiterweißt.

Früher oder später wird es solche Momente in deinem Leben geben. Sie werden dich an deine Grenze bringen und tiefe Spuren in deiner Seele hinterlassen. Und es gibt keine Abkürzungen. Zweifel gehören zum Leben dazu.

Was tun, wenn Gott schweigt?

Vorneweg: Es tut mir leid. Ich kann dir keine klugen Rezepte für diese dunklen Momente deines Lebens mitgeben. Denn ich weiß aus eigener Erfahrung, dass fromme Soße in dieser Situation einfach nur bitter schmeckt.

Stattdessen mag ich dir erzählen, dass es mir guttut, mich in solchen Zeiten einer guten Freundin oder einem guten Freund anzuvertrauen. Dass es mir guttut, mir eine Auszeit zu nehmen. Dass es mir guttut, meine Wut und meine Zweifel Gott entgegenzuschleudern. Nicht mit netten wohlüberlegten Gebeten, sondern mit den ehrlichen und oftmals harten Worten, die mir gerade in den Sinn kommen.

Manchmal tut mir auch eine große Tafel Schokolade gut, die ich in meinem Frust herunterschlinge. Und Musik – die hilft mir auf jeden Fall.

Ich kann dir nicht erklären, warum Gott manchmal schweigt. Das wird eine der großen Fragen sein, die ich ihm irgendwann mal an den Kopf werfen werde, wenn wir uns gegenüberstehen. Ich will dir aber sagen, dass du nicht alleine bist. Und dass Gott dich nicht verlassen hat – auch, wenn's sich im Moment genauso anfühlt. Gib ihn nicht auf. Und gib dich nicht auf. Denn dazu bist du viel zu wertvoll. Das sollst du wissen.

Gestern ist er angekommen. Ein langer, von Hand geschriebener Brief, den eine Freundin vor einigen Tagen bereits per Facebook-Nachricht angekündigt hatte. Sie wollte sich einfach mal alles von der Seele schreiben, was sie bedrückt und bewegt …

Ich sitze da und lese. Seite für Seite für Seite. In meinen Händen liegt die Lebensgeschichte eines Menschen, der als Kind von Vertretern meiner Kirche missbraucht wurde. Die Lebensgeschichte einer Frau, deren Leid von meiner Kirche nie wirklich ernst genommen wurde. Sie hat tiefe seelische Verletzungen davongetragen. Und sie trägt immer noch schwer daran. In diesen handgeschriebenen Seiten, die nun vor mir auf dem Tisch liegen, steckt so viel Schmerz, Trauer, Verzweiflung und Wut. Und auch ich bin wütend, spüre den Schmerz und zweifle beim Lesen an meiner Kirche.

Gleichzeitig steckt dieser Brief voller Stärke. Glaube. Hoffnung. Liebe.

Da ist so viel Vertrauen drin. Darauf, dass Jesus wirklich der Herr ist. Darauf, dass seine Kirche doch ein Ort voller Liebe und Hoffnung ist. Darauf, dass es da Christinnen und Christen gibt, die es mit der Frohen Botschaft wirklich ernst meinen.

Ich halte inne. Nein, es schmeckt weder nach frommer Soße noch nach Pathos. Sondern einfach nur echt. Diese Frau hat so viel ertragen und doch ihren Weg gefunden. Sie brennt für die Sache des Glaubens, auch wenn sie durch die schrecklichen Taten kirchlicher Mitarbeiter in ihrer Seele schwer verletzt wurde und Wunden davongetragen hat.

Während ich den Brief in den Händen halte, schaue ich hoch zum Taizékreuz an meiner Wand. Da ist ein Funke Hoffnung. Und der ist stark.

6

DA HILFT NUR BETEN

Intensivstation: Ein Leben am seidenen Faden

Mit Krankenhäusern kenne ich mich ganz gut aus. In den letzten Jahren war ich öfter dort, als mir lieb ist. Nicht als Patient, sondern immer als Besucher. Als Angehöriger eines Menschen, der Teil meines Lebens ist. Der krank ist und leidet. Und mit dem ich hilflos mitleide, weil es mein Bruder, meine Mutter, mein Vater ist.

Mein Vater ist in den letzten Jahren dem Tod mehr als einmal von der Schippe gesprungen. Ich weiß nicht mehr, wie oft er nach Operationen wiederbelebt werden musste und im Koma lag. Wie zart der seidene Lebensfaden bisweilen war. Ich weiß aber auch noch sehr genau, wie sich die Intensivstation für mich angefühlt hat. Ich habe ihren sterilen Geruch in der Nase und die gedämpften Laute der Apparate in den Ohren. Ich sehe die Schläuche überall an seinem Körper. Die blinkenden Monitore mit den sich darauf abzeichnenden Linien, die vom Ringen um Leben oder Tod erzählen. Meinen blassen Vater, der in einer Welt zwischen Hoffnung und Aufgeben gefangen ist. Den sorgenvollen traurigen Blick meiner Mutter und meiner Geschwister.

Intensivstation ist sch… Sie

lässt dich ratlos und hilflos dastehen. Sie lehrt dich, wie zerbrechlich ein Leben ist. Vielleicht auch, was wirklich wichtig und was gerade völlig egal ist.

Mich lehrt sie zu beten. Ein ohnmächtiges, oft wortloses oder stammelndes Gebet. Ein haderndes, wütendes, verzweifeltes Gebet. Und doch ein gutes Gebet. Eines, an dem ich mich wankend festhalte. An das ich mich klammere, wenn ich sonst nichts mehr tun kann, außer meine Familie zu umarmen, die Hand meines Vaters zu halten, ihm ein Segenskreuz auf seine Stirn zu zeichnen. Hoffend, dass Gott uns in seinen Händen hält. Egal, was kommen mag.

⁂

Dankbar denke ich an diesem Tag an all die lieben Menschen, die schon bei Gott sind – die ich vermisse. Adieu – wir werden uns wiedersehen.

Und auch euch wünsche ich Leben in Fülle – euch, an die niemand mehr denkt. Bei Gott seid ihr nicht vergessen, sondern zu Hause.

Mit Hoffnung bete ich für jene, die trauern, zweifeln, fragen.

#allerseelen

#dnkgtt

Mit Gott ins Gespräch kommen

Wie beginnt man ein Gespräch mit jemandem, den man nicht mit den eigenen Augen sehen kann? Mit einem, mit dem man sich nicht mal eben auf einen Kaffee zusammensetzen und einfach losquatschen kann? Den man selbst mit modernster Technik nicht anrufen, anfunken oder zum Skype-Call einladen kann? Den man nicht anstupsen oder umarmen kann, wenn einem gerade danach ist?

Wie beginnt man ein Gespräch mit jemandem, den viele nur für einen imaginären Freund halten? Von dem man nicht weiß, wie er aussieht – jung oder alt, männlich oder weiblich …?

Worüber soll man mit jemandem reden, der angeblich eh schon alles weiß und dem man im Grunde nichts Neues zu erzählen hat.

Wie soll so ein Dialog funktionieren, wenn man zwar Fragen stellen, die Antwort aber nicht hören kann?

Mit Gott ins Gespräch zu kommen ist so schwierig.

Mit Gott ins Gespräch zu kommen ist so einfach.

Indem man es einfach macht.

Fürs »Mit Gott quatschen« gibt's genauso wenig eine Betriebsanleitung wie fürs Gespräch mit dem besten Freund oder der besten Freundin. Mal könnt ihr eine ganze Nacht zusammenhocken und endlos miteinander reden. Mal seid ihr einfach zusammen und habt keine Worte. Oder es braucht keine Worte.

Mal lacht ihr zusammen. Mal streitet ihr miteinander. Manchmal genügt ein kurzer Smiley, per Messenger aufs Smartphone geschickt. Manchmal müsst ihr euch bewusst Zeit nehmen, um füreinander da zu sein. Mal versteht ihr euch wunderbar. Mal redet ihr aneinander vorbei; hört nicht, was der andere euch sagen möchte.

Um mit Gott ins Gespräch zu kommen, gibt's ein paar praktische Hilfen. Uralte Gebete wie das *Vater unser,* das schon Jesus mit seinen Freund*innen gebetet hat. Oder die Psalmen in der Bibel. Lieder und Gebete im gemeinsam gefeierten Gottesdienst. All das hilft mir, mit ihm im Kontakt zu bleiben. Vielleicht auch dir?

Noch mehr merke ich jedoch, dass ich Zeit mit Jesus alleine brauche. Zeit, in der ich mich irgendwo in eine stille Ecke setze, die Augen schließe und mir vorstelle, dass er mir jetzt gegenübersitzt. Manchmal zünde ich vorher noch eine Kerze an. Oder schaue dabei auf ein Kreuz. Auch hier gibt's kein Rezept: Probiere einfach aus, was dir hilft runterzukommen. Und was dir dabei hilft, dir vorzustellen, dass er jetzt da ist.

Und dann …? Ich beginne einfach zu reden. Meistens mach ich dies sprachlos, einfach in meinen Gedanken. Du kannst aber gerne auch wirklich laut reden.

Ich erzähle Gott in solchen Momenten, was gerade in mir los ist. Danke ihm für schöne Momente. Stelle Gott Fragen und bitte ihn, mir zu antworten. Manchmal weine ich – oder ich schreie ihn sogar an, weil ich wütend oder verzweifelt bin. Oft sitze ich einfach nur so da und lasse die Bilder und Gedanken in meinem Kopf wie Wellen am Strand kommen und gehen.

So kann ich mit Gott ganz persönlich sprechen, wie mit einem guten Freund oder einer Freundin. Mal »funktioniert« es. Mal gelingt es mir einfach nicht, mich zu konzentrieren, und ich breche nach kurzer Zeit ab. Oder ich bleibe einfach trotzdem sitzen, schweige und denke mir: »Gott – auch das ist jetzt irgendwie ein Gebet.«

Mit Gott ins Gespräch zu kommen ist so schwierig und so einfach zugleich. Wie es für dich ganz persönlich am besten funktioniert, wirst du nur herausfinden, indem du es ausprobierst und deine eigenen Erfahrungen sammelst. Es wird Zeit brauchen. Und du solltest nicht gleich bei den ersten gescheiterten Versuchen aufgeben. Ein wenig Hartnäckigkeit gehört dazu. Trau dich. Es lohnt sich.

Kino im Kopf

Manche denken, die Bibel ist ein alter Schinken. Dabei ist sie so viel mehr als ein Buch. Sie ist vielmehr eine ganze Bibliothek voller Bücher, die schöne, seltsame, spannende, bisweilen auch verrückte, unglaubliche oder irritierende Geschichten erzählen. Ein Meisterwerk der Literatur.

Sie ist auch ein Sammelsurium an Gedanken. Einige sind in sich ziemlich schlüssig, andere kommen einem total überholt und aus der Zeit gefallen vor. Im Alten Testament gibt es endlos langweilige Aufzählungen von geschichtlichen Ereignissen, Kriegen und Gesetzestexten. Andere biblische Erzählungen beflügeln mit ihren detaillierten erotischen Liebeserzählungen deine Fantasie. Manche Geschichten werden dich anekeln und wütend machen. Andere werden dich fesseln wie ein nervenzerreißender Krimi. Und wieder andere werden dich zum Schmunzeln bringen. Oder zum Träumen. Zum Nachdenken. Zum …

Die Bibel. Für mich ist sie ein Buch, das mich wohl ein Leben lang beschäftigen wird und in dessen Geschichten ich ständig Neues entdecke. Vor allem ist die Bibel für mich so etwas wie ein Spiegel, der mir hilft, mich selbst und unsere Welt anzuschauen. Eine richtige Fundgrube für Ideen, voller Impulse zum Nachdenken und zum Handeln.

Es gibt viele Formen, in der Bibel zu lesen, sich kritisch mit ihr auseinanderzusetzen oder auch mit ihr zu beten. Im Lauf der Jahre habe ich mich in eine Methode »verliebt«, die ich dir hier kurz vorstellen möchte.

1. Suche dir eine Bibelstelle aus. Vielleicht hast du bereits eine Geschichte im Kopf, die du ganz bewusst lesen möchtest. Oder du schlägst deine Bibel einfach an irgendeiner Stelle auf und tippst mit geschlossenen Augen auf eine Stelle. Voilà.

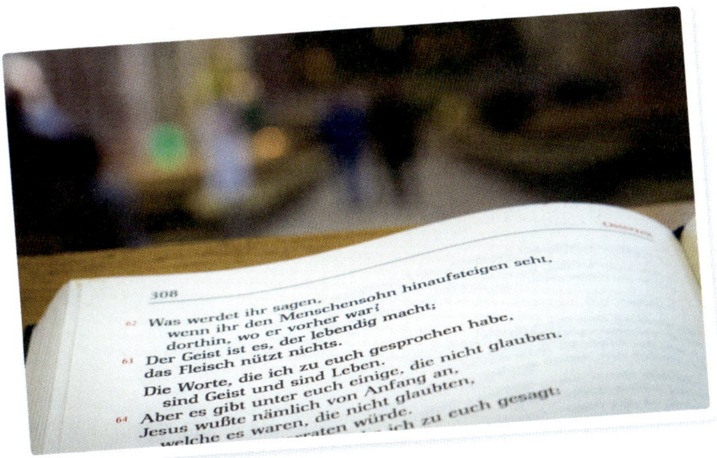

Vorschläge für die Bibellese findest du auch im Internet. Suche einfach nach Begriffen wie *Schott* und *Lesung*, nach *Tageslosung*, *Tagesevangelium* oder *Bibelleseplan*.

2. Lies dir die ausgewählte Bibelstelle durch. Wenn du keine gedruckte Bibel zur Hand hast, gibt es auch jede Menge Internetplattformen oder Apps, wo du die Texte findest. Mir gefällt www.bibleserver.com am besten.

3. Geh ins Kopfkino. An dieser Stelle ist deine Fantasie gefragt: Wenn du die Bibelstelle ein oder mehrere Male gelesen hast, schließe die Augen und versuche, dir die eben gelesene Geschichte wie eine Szene aus einem Kinofilm vorzustellen. Ein Film, in dem du mittendrin bist. Male dir die Szene aus: die Umgebung, die Landschaft, in der alles stattfindet, die Gebäude oder den Raum, in dem gerade alle zusammenkommen. Wie ist das Wetter? Brennt die Sonne vom Himmel oder stürmt es? Betrachte in Gedanken die handelnden Personen. Wie sehen sie aus, wie handeln oder reden sie? Wie ist die Stimmung? Relaxt, ruhig, gefährlich, angespannt …?

Lass dir Zeit. Mit ein wenig Übung werden in deinem Kopfkino fantastische Bilder und Geschichten entstehen.

4. Beobachte die Szene und dich selbst. Was passiert gerade in der biblischen Geschichte? Und was passiert in dir? Ist die Situation angenehm, schlimm oder traurig? Bist du ein angewiderter Beobachter, fassungslos oder erschrocken? Bist du begeistert oder glücklich, dabei sein zu können? Kommen dir weitere Gedanken, Fragen oder Ideen? Quatsch doch mal eine der Personen in deinem Kopfkino an. Vielleicht werden sie dir antworten?

5. Frage dich, was diese Geschichte mit *dir* zu tun hat. Mit deinem Leben. Mit einem Problem, das du vielleicht gerade hast, oder mit einer Situation, in der du drinsteckst.

6. Wenn du magst, bring deine Gedanken in einem Gebet vor Gott. Oder mach dir Notizen. Oder male ein Bild …

Diese Art des »Betens mit der Bibel« mag etwas schräg daherkommen. Sie braucht ein wenig Zeit zum Einüben und auch eine gute Portion Fantasie. Vielleicht ist diese Methode irgendwie auch nicht so dein Ding. Aber vielleicht wird sie für dich mit der Zeit ein Schatz, genau wie für mich. Denn ich merke fast jedes Mal, dass die Geschichten, die ich »durchbete« und in meinem Kopfkino betrachte, etwas mit mir zu tun haben. Sie geben mir Impulse und Gedanken mit, die ich ganz praktisch mit meinem eigenen Leben verknüpfen kann.

Und: Ganz wichtig – du hast die Freiheit, deine eigene Methode zu entdecken. Deine ganz persönliche Art, die Bibel zu lesen, zu schmecken, zu fühlen, zu beten, zu leben.

Auch ganz smart

Hast du gewusst, dass in deiner Hosentasche ein vollwertiges Gebetbuch steckt? Es ist dünn, leicht und praktisch. Im Gegensatz zu gedruckten Exemplaren bietet es dir jeden Tag neue Möglichkeiten und Ideen, mit Gott ins Gespräch zu kommen. Und es ist ständig top-aktuell – dein Smartphone.

Nimm es in die Hand, wähle eine der folgenden Apps und leg los. Vielleicht beginnst du einfach mit einer deiner

Social-Media-Apps. Mit Facebook, Instagram, Twitter, Snapchat, was auch immer. Oder öffne eine deiner Messenger-Apps (WhatsApp, Threema, Wire, Telegram, Signal …) und scrolle dich durch die Beiträge.

Vermutlich bleibst du bei dem einen oder anderen Post länger hängen als bei anderen. Überleg dir, ob und wie du diesen Gedanken, die Szene, bei der du gelandet bist, in ein Gebet bringen kannst.

Irgendjemand hat ein Bild oder einen Gedanken zu einem besonders schönen und glücklichen Moment gepostet? Dann wäre dies ein Vorschlag für ein Gebet: »Danke, Gott, für dieses Ereignis, für diesen Moment, für diesen Augenblick, den du X geschenkt hast.«

Oder jemand hat etwas Nachdenkliches, Kritisches, Trauriges gepostet: »Gott, ich bete für X. Ich bete für diese Situation, die nicht gut ist. Ich bete für die Menschen, die leiden …«

Vielleicht hat irgendwer auch etwas geschrieben, das dich total nervt, ärgert oder auf die Palme bringt: »Gott, ich bete für X, der gerade diesen totalen Blödsinn geschrieben hat …«

Öffne deine Kontakt-App und wähle dir eine Person, an die du heute besonders denken möchtest – warum auch immer. Bring deine Gefühle und Gedanken an diese Person in ein Gebet. Wenn dir die Worte fehlen, denke einfach nur an diesen Menschen. Gott weiß, was er oder sie gerade braucht.

Öffne eine deiner Nachrichten-Apps. Schau dir an, was in unserer Welt gerade so passiert. Da gibt's sicher jede Menge Dinge, für die du bitten oder danken kannst.

Öffne dein Fotoalbum. Scrolle durch die Fotos und Erinnerungen. Ist da nicht der ein oder andere Moment, für den du Danke sagen magst? Oder eine Freundin, ein Freund, für den du eine Bitte hast, weil sie oder er gerade ein klein wenig Rückendeckung von Gott ganz gut gebrauchen könnte?

Öffne deinen Kalender, deine To-do-Liste oder deinen Mail-Account: Schau dir den zurückliegenden Tag an – oder die Termine und Aufgaben, die vor dir liegen: Da gibt's garantiert jede Menge Gedanken und Bitten, die du mit Gott teilen kannst.

Und dann gibt's da natürlich auch noch einige Bibel- und *Stundenbuch*-Apps. Die kannst du meistens kostenfrei downloaden und hin und wieder reinstöbern.

Viel Spaß beim »Beten mit dem Smartphone«.

Die Ärmel hochkrempeln

Beten, das ist doch diese Sache, bei der man sich in eine Bank hockt oder hinkniet und die Hände faltet. Ja, aber nicht nur … Manche breiten auch die Hände beim Beten aus. Andere wiederum erheben sie zum Himmel. Die einen sprechen uralte, zum Teil poetische Texte. Andere beten ganz still, nur in Gedanken. Wieder andere singen oder sprechen freie Gebete. Man kann in der Kirche beten, in der

Natur oder in der Achterbahn, während sich einem der Magen umdreht. Man kann alleine oder in einer Gruppe beten. Sogar per WhatsApp kann man beten.

Und dann kann man auch noch die Ärmel hochkrempeln und mit den Händen beten. Manche Bäcker*innen tun dies, wenn sie mitten in der Nacht Teig kneten. Manche Pflegekräfte, wenn sie einen Menschen würdevoll behandeln, während sic ihm den Hintern abwischen. Bauarbeiter*innen, indem sie in knochenharter Arbeit Stein auf Stein setzen. Rettungskräfte, wenn sie jemanden im Takt von *Staying alive* wiederbeleben. Flüchtlingshelfer*innen beten mit tatkräftigen Händen.

Alle paar Jahre beten Zigtausende Kinder und Jugendliche bei der 72-Stunden-Aktion des BDKJ mit ihren Händen, indem sie in kurzer Zeit soziale Projekte umsetzen und verwirklichen.

Gott braucht Beterinnen und Beter, da bin ich mir sicher. Er braucht jene, die in ihrem Herzen beten, und jene, die mit hochgekrempelten Ärmeln beten. Er ruft uns dazu auf, als Gemeinschaft im Gottesdienst oder in unseren Wohnzimmern und Firmen zusammenzukommen und mit Worten und Liedern zu beten. Und er sendet uns, uns die Finger schmutzig zu machen und mitten im Alltag zu beten: mit Tatkraft und Liebe.

Er braucht dich: Denn es gibt jede Menge zu tun und zu beten, für eine bessere Welt.

Weniger labern

So viele Worte.
Taizé.
Stille.
Weniger ist manchmal echt mehr.

Soundtrack

Habe ich schon erwähnt, dass die Geschmäcker verschieden sind? Das gilt fürs Essen ebenso wie für Kleidung, Wohnungseinrichtungen oder die Kunst zu leben. Und es gilt für die Musik. Was für die einen eine quälende Tortur des Trommelfells ist, ist für andere vielleicht ein akustischer Hochgenuss.

Für mich zählen lateinische Choräle mehr zu Ersterem und gutes neues geistliches Liedgut zu Letzterem. Ich liebe die ruhigen Gesänge aus Taizé und schüttele bei manchen traditionellen oder modernen Liedtexten bisweilen verständnislos den Kopf. Dazwischen gibt es (ganz unabhängig vom Musikstil) Lieder, die mich fesseln, und solche, die mich kaltlassen. Mein Musikgeschmack sagt über die Qualität der gehörten Songs zunächst mal herzlich wenig aus. Sie gefallen mir halt – oder auch nicht.

Was die meisten Menschen verbindet? Musik gehört auf jeden Fall dazu. Die persönlichen Playlists und der Musikgeschmack mögen noch so verschieden sein – ohne Musik würde dem Leben eine essenzielle Farbe fehlen.

Auch mein Leben hat einen Soundtrack. Und viele der Lieder, die darin gespielt werden, sind gleichzeitig irgendwie auch Gebete. Dabei denke ich ausdrücklich nicht nur an die kirchlichen oder christlichen Songs: Für mich ist Westernhagens *Freiheit* genauso ein Gebet wie *Großer Gott, wir loben dich*. Ich kann mit Liedern von den *Toten Hosen* ebenso beten wie mit Gesängen aus Taizé. Das *Narrenschiff* von Reinhard Mey gehört dazu und *What's Up* von den *4 Non Blondes*. Die Liste ist echt lang – und nebenbei bemerkt auch ziemlich schräg.

Wie klingt der Soundtrack deines Lebens?
Welche Lieder stehen auf der Playlist – und warum?

Gib dein Bestes

Ein ganz schön großes und vor allem weites Wort: Verantwortung. Es beginnt klein und »ungefährlich«. Als Schüler war ich dafür verantwortlich, für Klassenarbeiten zu lernen und mich anständig aufs Abi vorzubereiten. Als Jugendlicher war ich samstags morgens dafür verantwortlich, den Gehweg und die Rinne vor dem Haus zu kehren. Heute bin verantwortlich dafür, dass meine Wohnung einigermaßen sauber und aufgeräumt ist. Dafür, dass mein Wecker morgens rechtzeitig klingelt, damit ich pünktlich zum Job antrete. Dafür, alle zwei Wochen die Mülltonne vors Haus zustellen. Dafür, mein Auto mit neuem Sprit zu befüllen, wenn die Tanknadel zu arg in den roten Bereich sinkt. Lauter kleine Verantwortlichkeiten, die zum Leben einfach dazugehören und die auch mal schiefgehen dürfen. Kein Weltuntergang.

Verantwortung kann aber auch extrem gewaltig und schwerwiegend sein. Für mich wird das immer dann deutlich und spürbar, wenn Eltern mir (oder einer Gruppe von Menschen) ihre Kinder anvertrauen. Wenn wir zum Beispiel mit 1000 Kindern und Jugendlichen für eine Woche nach Rom fahren, wenn ich mit 60 jungen Erwachsenen zum Weltjugendtag nach Rio oder nach Panama fliege oder wenn ich mit einer kleinen Gruppe Jugendlicher auf Achse bin. Bei solchen Gelegenheiten spüre ich mittlerweile die Verantwortung buchstäblich auf meinen Schultern lasten.

Ich bin unendlich dankbar für die Teams, mit denen ich solche Aktionen vorbereiten und durchführen darf: Wir planen und organisieren, beschäftigen uns mit Risikofaktoren und erstellen Notfallkonzepte. Wir geben alles, um unserer Verantwortung gerecht zu werden und die Menschen, die uns anvertraut sind, wohlbehalten und glücklich wieder

nach Hause zu bringen. Und doch schicke ich jedes Mal ein dickes Stoßgebet in den Himmel, wenn alles gut gelaufen ist. Denn es gibt Ereignisse und Zwischenfälle, die ich nicht in der Hand habe. Bei denen nur eines hilft: mein Bestes geben – und beten. Klar, das ist keine Garantie dafür, dass alles glattläuft. Aber es tut irgendwie echt gut. Und es entlastet.

Im Übrigen mag ich dir diesen Tipp auch dann ans Herz legen, wenn du nicht für Großveranstaltungen mit 1000 Kids zuständig bist. Denn große Verantwortung gibt's auch im Alltag: in Beziehungen. Im Freundeskreis. In der Familie. Im Job. In der Art und Weise, in der ich mit Menschen umgehe, sie stärke oder verletze. Manchmal werde ich dieser Verantwortung gerecht, manchmal nicht. Falls du keine Heilige und kein Heiliger bist, geht's dir mit Sicherheit ähnlich. Probier's mal aus: Gib dein Bestes – und bete.

Mit dem Beten ist es ein wenig wie mit dem Essen. Ich mag zum Beispiel keine Kartoffeln – aber ich liebe Nudeln. Und es gibt ein paar Gerichte, die lassen mir das Wasser im Mund zusammenlaufen. Auch beim Beten gibt es verschiedene »Geschmackssorten« – Dinge, die mal mehr und mal weniger zu dir passen. Vielleicht auch die eine oder andere Art zu beten, die total dein Ding ist.

Das Coole ist, dass die Christenheit in Sachen Spiritualität ein gigantisch buntes und großes »Rezeptbuch« zu bieten hat. Da ist für jeden was dabei. Und manches Unbekannte wartet vielleicht nur darauf, von dir entdeckt zu werden.

Ein paar Ideen aus meinem persönlichen »Rezeptbuch« habe ich dir in diesem Kapitel vorgestellt. Experimentiere gerne damit herum. Oder noch besser: Lass dir davon deinen Appetit anregen. Rede mit anderen Menschen, wie sie beten. Probiere verschiedene Ideen und Methoden aus. Entwickle deine einzigartige und persönliche Art zu beten. Es ist ein Abenteuer. Viel Spaß dabei.

7
GUTE BEGLEITER

Es klappert und zittert …

Heute bin ich zum ersten Mal Tandem gefahren. 30 Kilometer an den Dünen der kleinen holländischen Insel Texel entlang. Einmal zum Leuchtturm und zurück. Eine wunderbar skurrile und total lustige Erfahrung.

Es beginnt damit, dass du und dein Tandempartner das Gefährt besteigt und dass ihr dann die ersten Meter wie Betrunkene herumeiert. Oder wie kleine Kinder, die gerade das Laufen lernen. Es wackelt wie blöd, der Respekt vor diesem seltsamen Gefährt ist jedenfalls meist riesengroß. Die ersten paar Hundert Meter auf dem Radweg tauchen dich in eine Gefühlswelt zwischen »Aaaaahhhhh … was mach ich hier«, »Oha … wo ist mein Gleichgewichtssinn hin« und »Hihihi … so geil«. Die Adrenalinpumpe läuft derweil auf Hochtouren.

Das Gefährt klappert und zittert, und ganz langsam – nach und nach – findet ihr euren Rhythmus – und mit ihm euer Gleichgewicht. Ihr beginnt, euch aufeinander einzustellen, einander zu vertrauen, im gleichmäßigen Takt in die Pedale zu treten. Dann auch euch gemeinsam in die Kurve zu legen. Die verkrampften Muskeln entspannen sich, und das Nervenzappeln weicht dem Genuss, denn Tandemfahren macht total viel Spaß. Es geht aber nur miteinander – niemals gegeneinander. Und als Bonus obendrauf sieht's auch noch total ulkig aus.

Mein Leben mit Gott hat auch was von einer Tandemfahrt. Es gibt Tage, da läuft es: Im perfekten Takt radeln wir durch die Landschaften und genießen das Leben miteinander. An anderen Tagen eiern wir wie Betrunkene herum, suchen das Gleichgewicht, geraten aus dem Takt.

Die Gefühlswelten bewegen sich von ganz tief unten bis hinauf ins »Himmelhoch jauchzend«. Immer wieder läuft dabei die Adrenalinpumpe auf Hochtouren. Manchmal gelingt es, uns gemeinsam in die Kurve zu legen. Und manchmal will Gott scheinbar in eine andere Richtung als ich – und wir wanken und schwanken dahin. Hin und wieder ist dies so heftig, dass wir umkippen und ich mir die Beine auf dem Boden der Tatsachen blutig schürfe. Und immer wieder frage ich mich, wer hier eigentlich vorne am Lenker sitzt. Er oder ich?

Wenn ich hinten sitze – ist es dann okay, dass ich manchmal schummele und ihn allein in die Pedale treten lasse? Er ist doch stark genug für uns beide, oder?

Weißt du, Gott. Tandemfahren mit dir ist eine spannende Sache. Es ist anstrengend. Und es ist wunderbar. Einfach skurril, total lustig. Ich möchte es deshalb nicht missen. Es ist ein Genuss. Danke für die gemeinsamen Touren.

Die Laune steigt

Eine Woche *la dolce vita*. Eine Woche Sonne, Pasta und Abhängen mit unserem Pastoralkurs; mit den jungen Frauen und Männern, mit denen ich in der praktischen Ausbildung zum Seelsorger bin. Wir sind eine bunte und gut durchmischte Truppe – und wir alle freuen uns wie Bolle auf das kleine Städtchen Assisi, das knapp 1000 Kilometer entfernt auf uns wartet.

Um die Reise stilvoll anzutreten, beschließe ich, meinen roten Fiat Panda ordentlich zu putzen. Er soll glänzen und strahlen, wenn wir uns auf den Weg machen. Weil auch die inneren Werte zählen, gönne ich dem Motorraum eine Wäsche und strahle ihn mit der Dampflanze gründlich ab.

Ach ja. Wie dumm kann man sein? Die Motorwäsche war jedenfalls eine selten dämliche Idee. Das Steuergerät des Motors fand die Dusche nur bedingt lustig und hat sich ins Nirwana verabschiedet. Also muss die Karre zum Doktor – und meine Kurskollegin und ich machen uns erst nach einer längeren Wartezeit mit Verspätung und frisch repariertem Kfz auf den Weg gen Süden.

Mit jedem Kilometer steigt die Laune. Spätestens ab dem Fernpass ist der Motorwäsche-Ärger nur noch eine doofe Erinnerung. »Hey. Wir fahren nach Italien!« Wie genial ist das denn?!

An uns fliegen Städte und Landschaften vorbei. Wir fahren in einem Rutsch durch. Bei einer 1200 Kilometer langen Strecke ist genügend Zeit, über Gott und die Welt zu quatschen. So landen wir irgendwann und irgendwie bei der Begegnung zwischen Jesus, Maria und Marta (den Plot kannst du in der Bibel bei Lukas im 10. Kapitel nachlesen). Stundenlang rätseln und diskutieren wir über diese Geschichte. Auch darüber, wo wir uns darin wiederfinden. Welchen Auftrag wir für uns heraushören. Vor allem aber darüber, wie wir grundsätzlich unseren Glauben, unser Leben, unsere Beziehung zu Gott und zu anderen Menschen verstehen.

Heute, knapp zehn Jahre später, ticken wir beide in vielen Dingen sehr verschieden. Wir haben unterschiedliche Antworten auf alle Fragen gefunden – und auf manche auch keine. Was uns eint und immer einen wird, ist der gemeinsame Weg, den wir gefahren sind. Und das Wissen, dass wir im Grunde beide immer noch auf der Suche sind. Weggefährt*innen, die auf die Karte *Jesus* gesetzt haben.

Forever young

Atemberaubend: Feuerrot-Orange-Lila-Gelb-Weiß-Blau … Der Himmel über unseren Köpfen ist heute Abend ein gigantisches Meisterwerk. Ein göttliches Kunstwerk, das uns dermaßen vom Hocker haut, dass wir mit offenem Mund nach oben starren und fasziniert die Dreiecksformationen der Kraniche beobachten. In Scharen fliegen sie über uns hinweg, auf dem Weg in den Süden.

In unseren Händen halten wir währenddessen Bierkrüge, an denen wir ab und an gedankenverloren nippen. Hinter unserem Rücken brennt ein wärmendes Feuer, über dem Steaks und Käselyoner vor sich hin brutzeln.

Wir – das ist die *Rohrbacher Dorfjugend*, auch wenn wir nicht mehr ganz jung sind. Ein paar Freunde, die sich seit ihrer Kindheit und Jugend kennen und gerne miteinander unterwegs sind.

Drei Tage haben wir uns in einem Selbstversorgerhaus der Kolpingfamilie in der Westpfalz einquartiert. Im Grunde machen wir nichts anderes als essen, trinken, rumhängen, oder wandern. Dabei quatschen wir über Gott und die Welt.

Und es tut so gut!

Es tut so gut, mit Freundinnen und Freunden zusammen zu sein und nichts »machen« zu müssen. Den Ernst für ein paar Tage wegzuschließen und herzhaft miteinander zu lachen oder zu kichern, so lange, bis der Bauch wehtut. Es ist ganz wunderbar, albern und auch mal kindisch sein zu dürfen. Zwischen oberflächlichen und tiefschürfenden Themen hin und her zu mäandern und sich dabei zuzuprosten.

Noch immer stehen wir am Feuer. Vor uns das Tal, über uns der bunte Himmel. Und wir sind dankbar dafür, dass wir auch mit 40 noch ab und zu die Dorfjugend sein dürfen. Herrlich, Weggefährtinnen und Weggefährten zu haben, in deren Kreis wir einfach wir selbst sein dürfen.

Am letzten Morgen feiern wir einen kleinen Gottesdienst. Dann verabschieden wir uns nach drei Tagen Atempause. In einem Jahr werden wir wieder die Dorfjugend sein.

Wertvoll

Je älter ich werde, desto mehr spüre ich, wie unsagbar wertvoll Familie ist. Nicht etwa, weil ich in einer heilen Familie aufgewachsen wäre, in der alles »Friede-Freude-Eierkuchen« war. Im Gegenteil. Meine Familie und ich – wir haben harte Zeiten miteinander durchlitten, Sorgen geteilt. *Die* Bilderbuchfamilie gibt es für mich ohnehin nicht. Und vermutlich auch für die wenigsten von uns.

Familie ist nicht perfekt. Sie ist kein harmonisches »Wir-haben-uns-alle-lieb-Gebilde«. Familie ist vielmehr ein »Wir kämpfen mit- und füreinander«. Ein beständiges Sorgen, Lieben und Streiten, in dem es um Menschen geht, die ein untrennbarer Teil meines Weges und meiner Seele sind.

Ja, ich liebe meine Familie. Mit all ihren wunderbaren und schönen Seiten. Trotz all ihrer Macken und Kanten, die mir das Leben schwer machen und an denen ich manchmal leide.

Meine Eltern und Geschwister holen mich wieder und wieder auf den Boden der Tatsachen zurück. Immer wieder lehren sie mich, wie klein meine Probleme und Sorgen sind. Sie erinnern mich daran, dass ich nicht der Einzige bin, der mit dem Alltag und dem Leben hadert. Vor allem aber lassen sie mich spüren, dass da ein Zuhause ist, das mir immer offen stehen wird. Ein Ort, an den ich jederzeit kommen kann. An dem ich ausruhen darf und geliebt bin. Egal, wie es in meinem Leben gerade aussieht. Ganz egal, ob ich gerade auf der Gewinner- oder auf der Looser-Seite des Lebens stehe.

Was ist Familie für dich?

Skifoan

Tradition ist ein Begriff, mit dem ich mich echt schwertue. Denn viel zu oft steht ein »Das haben wir schon immer so gemacht« dahinter. Ein Spruch, den ich als unsägliche und völlig unnötige Bremse erlebe. Traditionen, die aus rein nostalgischen Gründen beibehalten werden, mögen sich bequem anfühlen. Aber helfen sie weiter in einer Welt, die sich immer schneller dreht und weiterentwickelt? Ich habe dazu ein ganz großes Fragezeichen!

Und dann gibt es Traditionen, bei denen ich schließlich doch schwach werde, weil sie einfach dazugehören. So wie die jährliche Woche, die ich mit Freunden auf der Skipiste verbringe. Seit fast zehn Jahren nehmen wir uns jedes Frühjahr die Zeit, miteinander Pause vom Alltag zu machen. Wir mieten uns eine Hütte in den Bergen und schwingen die Hüften bei der Talfahrt. Viele meiner Freunde wedeln jedenfalls ziemlich elegant die Piste runter. Die anderen (dazu gehöre ich) kommen halt irgendwie den Berg runter und glänzen dabei nur bedingt mit Grazie und Anmut.

Letztlich ist es auch völlig wurscht, wie gut du den Berg runterkommst, solange du Spaß dabei hast, Zeit mit guten Freundinnen und Freunden zu verbringen. Dann sind auch die blauen Flecken, die du dir bei der Abfahrt holst, so was von egal.

Wir sind zusammen, genießen den blauen Himmel oder schimpfen gemeinsam über die fehlende Sicht bei bescheidenem Wetter. Lachen über alberne Sprüche, diskutieren und streiten über alles Mögliche beim abendlichen Ramazzotti. Und morgens geht's wieder auf die Piste. Auf ein Neues.

Manchmal ist Tradition doch was ziemlich Cooles …

Unser Weg

Es gibt da einen recht unspektakulären Weg im Schwarzwald. Knapp anderthalb Kilometer lang. Er beginnt am Parkplatz, führt durch den Dorfpark, vorbei an der Elz, einem kleinen, ruhig dahinplätschernden Bach. Übers Feld geht's weiter, an den neugierigen Schafen vorbei, den kleinen Hügel hinauf. Zu den Kühen fürs obligatorische Foto und dann wieder den Hügel hinunter, durchs Dorf zurück zum Parkplatz.

Das ist »unser Weg«: Meine Schwester, mein Bruder und ich kennen ihn von klein auf. Seit drei Generationen geht unsere Familie hier entlang. Jedes Mal, wenn wir gemeinsam im Schwarzwald sind – was uns mittlerweile leider nur noch recht selten gelingt.

Ab und an klappt's dann aber doch. So auch am 60. Geburtstag meiner Mutter. Schon seit Monaten ist dieser Termin fest im Kalender eingetragen: »Schwarzwald mit der Familie«. Und schon seit Monaten ist klar, dass unser Weg auf jeden Fall gegangen werden muss. Denn Mama freut sich wie ein kleines Kind drauf. Und wir ehrlich gesagt auch.

Dieses Jahr müssen wir den Weg leider ohne unseren Vater gehen. Sein Gesundheitszustand erlaubt es ihm einfach nicht mehr. Während er im Auto vor einem Restaurant auf uns wartet und dabei laute (und für uns Kinder etwas peinliche) Musik hört, ziehen wir zu viert los: Mama, Patrick, Annika und ich. Wir genießen jeden Meter und brauchen fast eine Stunde für die kurze Strecke. Als wir wieder am Auto ankommen, beschließen wir, dem Weg eine weitere Station hinzuzufügen: Wir okkupieren den Kinderspielplatz (denn wir sind ja alle irgendwie Kinder Gottes), schaukeln und wippen und albern herum.

Es mag schräg klingen, aber von diesem unspektakulären Weg geht eine Kraft aus, die uns als Familie zusammenschweißt.

Wer weiß. Vielleicht liegt es auch gar nicht wirklich an diesem Weg. Sondern vielmehr daran, dass wir hin und wieder Momente brauchen, in denen wir zusammenkommen und einfach mal unter uns sind. Uns für ein, zwei Tage als Familie erleben. Hört sich das altbacken an? Keine Ahnung. Scheint mir aber ein ziemlich wertvolles Konzept zu sein …

Ich wünsche mir und meiner Familie, dass wir noch oft unseren Weg gehen können. Und dir wünsche ich, dass auch du mit den Menschen, die du Familie nennst, solche Wege und Momente findest, die euch stärken und zusammenschweißen.

Großfamilie

Kennst du Menschen, mit denen du nicht verwandt bist – und die du trotzdem »Familie« nennst? Jesus spricht ja andauernd von seinen »Schwestern und Brüdern« und meint damit in den seltensten Fällen seine leiblichen Eltern, Geschwister, Cousinen und Cousins. Für ihn scheint das Konzept Familie auf etwas Größeres hinzuweisen. Da gibt es Menschen, die sind für ihn echte Geschwister, egal, ob sie irgendwelche Chromosomensätze miteinander teilen oder nicht. Er nennt sogar alle (!) Menschen Schwestern und Brüder, weil alle Kinder Gottes sind. Sozusagen Familie im weitesten Sinn. Ich mag dieses Konzept, das Jesus vertritt. Dennoch fällt es mir oftmals schwer, in anderen Menschen so etwas wie Geschwister zu sehen. Aber hey – das fordert mich immer wieder heraus, meine Haltung und auch mein Verhalten gegenüber anderen Menschen zu überdenken. Gerade gegenüber denjenigen, mit denen ich mir schwertue.

Und dann gibt's da noch ein paar Menschen, mit denen ich nicht verwandt bin – und die ich sehr bewusst Familie nenne. Zum Beispiel meine Familie in Brasilien: die Frauen und Männer, mit denen mich so viel verbindet. Bei denen ich jedes Mal das Gefühl habe, nach Hause zu kommen, wenn ich nach langer Zeit wieder bei ihnen sein darf. Deren Türen immer für mich offen stehen. Mit denen ich gearbeitet, gefeiert, gelacht und geweint habe. Uns trennen der Atlantik und 10 000 Kilometer. Wir leben in verschiedenen Welten. Und wir bleiben dennoch zutiefst miteinander verbunden. Wir sind Familie.

Und du so? Wen würdest du als Schwester, als Bruder bezeichnen? Bei wem kannst du sein, wie du bist: ohne Maske, ohne dich zu verstellen; einfach du?

Weggefährt*innen

Mehr als drei Viertel meiner bisherigen Lebenszeit habe ich mich in der katholischen Jugendarbeit engagiert. Mit acht Jahren wurde ich Messdiener und bin in eine Gemeinschaft hineingewachsen, die mir echte Freunde und starken Halt schenkte. Wir trafen uns andauernd in unserem Gruppenraum, spielten, bastelten, diskutierten. Als Sternsinger*innen sammelten wir Spenden für Kinder in aller Welt, denen es nicht so gut geht wie uns. Wir organisierten Zeltlager und Freizeiten, renovierten unseren Gruppenraum und wuchsen zu einer verschworenen Gemeinschaft zusammen. Ganz »nebenbei« beschäftigten wir uns mit Glaubensthemen, fragten nach Gott, schüttelten den Kopf über manche für uns völlig absurde kirchliche Vorschrift und philosophierten über den Sinn des Lebens. Wir waren junge Glaubens- und Lebensforscher*innen. Und wir genossen es in vollen Zügen, dass uns kaum ein Erwachsener dabei störte, unsere eigenen Antworten zu finden.

Im Nachbarort gab es einen Menschen, der für die Jugendarbeit in der ganzen Gegend zuständig war und ein total gutes Händchen im Umgang mit uns hatte. Wenn wir Unterstützung, Hilfe oder Material brauchten, war er zur Stelle. Unaufdringlich, herzlich, immer da. Er war es auch, der mich irgendwie dazu anstiftete, an einer einwöchigen Reise nach Taizé teilzunehmen. In diesem kleinen Örtchen in Burgund begegnete mir eine Kirche, die ökumenisch-ausgerichtet, aufgeschlossen, freundlich, bunt und voller Lebenslust war. Dort kamen junge Christen aus allen möglichen Ländern zusammen. Gemeinsam auf der Suche, gemeinsam am Fragen, Zweifeln, Hoffen, Beten, Kloputzen und Singen. Ich war begeistert.

Ich bin der kirchlichen Jugendarbeit treu geblieben, habe nach und nach verschiedene Ämter und Aufgaben übernommen. In all den Jahren sind mir sehr viele Kinder, Jugendliche und junge Erwachsene begegnet, mit denen ich ein Stück des Weges gemeinsam gehen durfte. Wenn junge Menschen gemeinsam auf die Suche nach Antworten auf ihre Lebens- und Glaubensfragen gehen, ist Gottes Geist spürbar am Werkeln. Dann kann Glauben wachsen.

Noch etwas habe ich in der Jugendverbandsarbeit gelernt: Mag sein, dass ich der (mittlerweile etwas ältere) Typ bin, der Theologie studiert hat und sich auskennt. In Wahrheit waren es jedoch die Kinder und Jugendlichen, die mich gelehrt haben, an Gott zu glauben und gleichzeitig neue Gedanken zuzulassen. Mit ihren Fragen, mit ihrer Kritik, mit ihren Impulsen und Ideen. Für alle diese Weggefährten bin ich dankbar. Und wünschte mir, die Kirche und die Welt würden noch viel mehr auf die Stimme junger Menschen hören.

8

IM NAMEN DES HERRN

#3677 Minderjährige wurden von 1946 bis 2014 von 1670 Klerikern missbraucht. Dazu kommt die Dunkelziffer.

3677+ Kinder und Jugendliche, deren Würde mit Füßen getreten worden ist.

3677+ Menschen, denen Unsägliches angetan wurde.

3677+ Menschen, die ein Leben lang leiden.

3677+ Wunden, die nicht verheilen.

Ich bin Teil des Systems.

Ich stehe da – als Priester, der voller Ideale angetreten ist, um die Frohe Botschaft in die Welt zu tragen. Als einer, der in der Jugendseelsorge gemeinsam mit vielen Ehrenamtlichen und Hauptamtlichen für die Würde und die Rechte von Kindern und Jugendlichen kämpft. Ich stehe da und kann absolut verstehen, wenn mich als Priester wütende Blicke treffen. Wenn manche mich mit den Tätern in eine Schublade stecken.

Ich stehe hilflos daneben – und mir ist speiübel. Ich bin traurig, angewidert, zornig, möchte laut schreien. Ich stehe da – als Priester – und zweifle und ringe.

Ich erwarte von meiner Kirche, dass sie #Konsequenzen zieht: Aufdecken alleine reicht nicht! Entschädigung alleine reicht nicht! Prävention alleine reicht nicht! Bestrafung von Tätern alleine reicht nicht!

Ich erwarte Konsequenzen: Alle Strukturen der Kirche müssen überprüft und schonungslos geändert werden, wenn sie Missbrauch auch nur im Geringsten begünstigen.

Beginnen wir bei den Machtstrukturen. Bei der kirchlichen Sexualmoral. Bei der Ausbildung von Priestern. Beim Umgang mit Tätern und Vertuschern. Ja – auch die Frage nach dem Weiheamt gehört in allen seinen Facetten dazu.

Ich erwarte von meiner Kirche, dass sie Konsequenzen zieht.

Sonst muss ich es tun. Denn ich bin nicht bereit – und ich schaffe es auch einfach nicht – mein Leben lang den Kopf hinzuhalten für jene, die unter dem Deckmäntelchen der Kirche Menschen missbrauchen und verletzen.

Unter dem Hüttendach

Ein Gedankenexperiment: Wenn Gott eine herzliche, freundlich lächelnde Hüttenwirtin ist (siehe Seite 8), ist dann die Kirche eine Wanderhütte? Oder sollte sie es vielleicht sein? Ein Ort, an dem du einkehren kannst, wenn du nach einer langen und anstrengenden Wanderung über die steilen Pfade deines Lebens eine Pause brauchst? Ein Ort, der gerade zur rechten Zeit vor deinen Augen auftaucht, während der Himmel über dir seine Gewitterschleusen öffnet und du dringend Schutz benötigst? Wo es kaltes Bier, heißen Kakao, knackigen Salat oder ein deftiges Schnitzel gibt, wenn du hungrig und durstig bist? Ein Raum, in dem du deinen Hunger stillen und deinen Durst löschen kannst – und das zu vernünftigen Preisen?

Ein Ort, den du auf deinen Wegen gut einplanen kannst – weil er immer irgendwo um die Ecke liegt? Einer, an dem du zur Not auch mal eine Nacht pennen kannst, wenn du keine Kraft mehr hast, weiterzugehen? An dem ein weiches Bett oder ein einfaches Matratzenlager für dich bereitstehen.

Ein Ort mit einer grandiosen Aussicht. Einer, der guttut, weil er dir in der brüllenden Mittagshitze Schatten spendet oder an kalten Tagen Schutz vor Regen, Schnee und Nebel. Ein Schutzraum, ein wärmendes Nest, das sich dank einfacher Wegweiser gut finden lässt, wenn du dich mal wieder verirrt hast.

Eine Begegnungsstätte, in der jeder willkommen ist. Ein Ort, an dem du sein kannst, ohne dich erklären zu müssen? An dem niemand dich nach deinem Aussehen oder deiner Kleidung beurteilt?

Ein Raum, in dem du einfach so mit wildfremden Menschen ins Gespräch kommen kannst. Wo Freundschaften entstehen können. Ein Ort, der dich so aufnimmt, wie du bist.

Ein Ort, der für dich bestimmt ist. Dein Ort.

Currywurst und Bier

Krass. 20 Jahre ist es schon her, das Abi. Zwei Jahrzehnte, seitdem wir das letzte Mal gemeinsam die Schulbank gedrückt haben und dann aufgebrochen sind, richtig erwachsen zu werden. Mit mehr oder weniger sorgfältig ausgetüftelten Plänen und Ideen davon, wie unser Leben weitergehen könnte und sollte.

Heute ist das große Abitreffen. Wir haben eine Kneipe für uns reserviert. Es gibt Currywurst und Bier. Der Abend ist angenehm warm, sodass die meisten draußen auf der Straße rumstehen oder in kleinen Gruppen zusammensitzen. Menschen kommen und gehen: Alte Freundinnen und Freunde, die sich gegenseitig umarmen und ein Küsschen auf die Wange drücken. Leute, die man irgendwie vergessen hat und nur mit Mühe wiedererkennt. Sogar ein paar Lehrer sind gekommen.

Wir erzählen alte Geschichten, tauschen Klatsch und Tratsch aus, berichten, wie es uns in den letzten Jahren ergangen ist und wohin uns unsere Wege geführt haben.

Wir alle sind älter geworden. Und doch sind manche von uns dieselben schrägen Typen geblieben (falls einige aus dem Kreis mitlesen: Das meine ich als liebevolles Kompliment ;-)).

Es gibt natürlich auch die gestelzten, anstrengenden Gespräche zwischen Menschen, die sich in all den Jahren entfremdet haben. Und es gibt unterhaltsame und herzliche Gespräche, bei denen du denkst, es sei seit dem letzten Schultag kaum Zeit vergangen.

Immer wieder reden wir an diesem Abend auch über die Kirche und den Glauben. Vielleicht, weil ich Priester bin und ständig auf solche Themen angesprochen werde; vielleicht weil wir gemeinsam auf einer katholischen Schule waren. Was mir auffällt: Alle gehen mit sehr viel Respekt miteinander um. Wir reden offen, auch über Kritisches. Dabei sind wir nicht immer einer Meinung und schütteln auch mal den Kopf. Aber wir zeigen einander trotzdem Wertschätzung und nehmen uns gegenseitig ernst.

Was für ein schönes Bild von einer vielfältigen und bunten Gesellschaft.

Gab's da nicht jede Menge Potenzial für eine Kirche, die sich einfach unter die Leute mischt? Die auf Augenhöhe dabei ist? Die mitquasselt, zuhört, hin und wieder mal nachdenklich am Bier nippt? Die sich einbringt und mitredet? Und die genau deshalb wertgeschätzt wird?

Ja. Da hätte ich Bock drauf.

Ein echt schräger Verein

Meine Kirche ist ein echt schräger Verein.

Und genau darum liebe ich sie.

Trotz ihrer unsäglichen Skandale. Trotz ihrer benachteiligenden patriarchalen Strukturen. Trotz ihrer in Teilen überkommenen und andere Menschen ausgrenzenden Moralvorstellungen.

Trotz des lähmenden Schneckentempos, mit dem sie ständig meilenweit hinter dem Wirken des Heiligen Geistes herkriecht. Trotz all ihrer Macken und Fehler, die mich bisweilen an den Rand des Wahnsinns bringen.

Meine Kirche und ich stehen so oft miteinander auf Kriegsfuß. Wir verstehen einander nicht, wir streiten, wir

schreien uns an, wir machen uns gegenseitig Vorwürfe und sind regelmäßig um Haaresbreite davon entfernt, unsere Beziehung aufzukündigen. Unser Beziehungsstatus ist: kompliziert. Denn meine Kirche hat neben all dem Nervigen auch – irgendwo, ganz tief in ihrer Seele – den größten Schatz der Menschheit: die Frohe Botschaft von einem die Menschen unendlich liebenden Gott, der seine Kinder niemals, wirklich niemals (!) im Stich lässt. Einem Gott, der uns diesen wunderbaren Blauen Planeten geschenkt hat und alle Möglichkeiten, ihn zu einem Ort des Friedens, der Gerechtigkeit und des bunten Miteinanders zu machen.

Seit über 2000 Jahren bemüht sich meine Kirche, diesen Schatz hervorzuholen, ihn ins richtige Licht zu rücken, ihn lebendig werden zu lassen. Und seit über 2000 Jahren scheitert sie regelmäßig grandios an diesem Versuch. Zwischendurch jedoch gelingt es ihr ab und an, für einen Moment das Wesentliche durchglitzern zu lassen. Und so mich und die Menschen um mich herum spüren zu lassen, dass unter all dem Dreck und Staub etwas verborgen liegt, das es wert ist, ausgebuddelt zu werden.

Meine Kirche ist nicht perfekt. Die Menschen in ihr sind es nicht. Ich bin es erst recht nicht.

Meine Kirche ist ein total schräger Verein. Mal mehr so »verdammt schräg«, mal mehr so »liebenswürdig schräg«.

Und ich mag sie. Dieses schaukelnde und knarzende Narrenschiff.

Trotzdem und deshalb. Weil Gott trotzdem und deshalb drinsteckt.

Scheint auch ein leicht schräger Typ zu sein.

So schräg, dass er sich auf die Menschheit einlässt.

Und das … macht ihn zu einem echt coolen Typen. Und die Kirche zu einem coolen schrägen Verein.

Danke dafür, Gott.

Manchmal sogar gleichzeitig

Die Tochter öffnet mir die Tür. »Sie ist im Wohnzimmer und wartet schon«, sagt sie. Ich gehe die paar Schritte durch den kleinen Flur, klopfe vorsichtig an und betrete den Raum. Auf dem Sofa liegt Frau Meier. Sie ist alt. Sehr, sehr alt. Aber als sie mich sieht, funkeln ihre Augen wie die eines jungen Mädchens. Lachfalten erscheinen auf ihrem Gesicht, und sie beginnt glucksend zu kichern. Frau Meier freut sich total über meinen Besuch.

Ich stehe etwas unsicher vor ihrem Sofa. Denn ihre Tochter hat mich gerufen, weil ihre Mutter gerade im Sterben liegt.

Frau Meier lacht so herzhaft und lange, dass sie mich irgendwann ansteckt. »Herr Pfarrer, jetzt kommen sie vorbei, und ich hab doch glatt vergessen, meine Beißerchen anzuziehen«, sagt sie und zeigt auf ihren leeren Mund. Dabei hält sie sich den Bauch vor Lachen. Ich kann einfach nicht mehr ernst dreinblicken und kichere mit ihr.

Langsam fangen wir uns beide. Frau Meier ist nicht mehr »so ganz da«, das ist mir bewusst. Und trotzdem ist sie sehr klar bei Verstand. Sie weiß, dass es jetzt zu Ende geht. Angst vor dem Tod hat sie keine. Ein bisschen vielleicht, vor dem Sterben an sich. Aber sie ist auch neugierig und freut sich darauf, wie es im Himmel wohl aussehen wird. An den Himmel glaubt sie ganz fest. Und daran, dort ihre Geschwister und Freundinnen wiederzusehen. Ihre Eltern und, und, und …

So sitzen wir zwei zusammen, Frau Meier und ich, der junge Priester. Wir reden über ein langes Leben. Über Glück und Trauer, über Hoffnung und Glauben. Für einen Moment habe ich einen dicken Kloß im Hals und bin den Tränen nah. Im nächsten Moment kichern wir leise zusammen, einfach weil sie so witzige Dinge sagt. Wir beten und singen alte Lieder. Ich muss ihr versprechen, für sie zu beten, wenn sie nicht mehr da ist. Und sie verspricht mir, für mich ein gutes Wort beim Chef einzulegen.

Irgendwann verabschieden wir uns. Die alte Dame geht ihren letzten Weg. Und ich den meinen. Wir beide sind Teil einer Kirche, die Lebende und Tote vereint. In der Trauer und Freude ihren Platz haben. Manchmal sogar gleichzeitig.

Wie wunderbar. Wie stark. Wie schön.

Mein Traum von einer Kirche, die DA ist.

Wirklich. Da. Ist.
Ohne Wenn und Aber.
Ohne Vorbedingung oder Einschränkung.
Ohne Menschen zu verzwecken.
Ohne eine »Botschaft« abladen zu wollen.
Denn auch das ist »verzwecken«.

Und wenn wir doch eine Botschaft haben, dann diese:
Wir sind für dich da.
Weil GOTT für dich da ist.
Weil wir in dir Jesus sehen.
Punkt.

Nicht mehr. Nicht weniger.

Und wenn die Menschen dann nachfragen
Und nur dann …
erzählen wir von Jesus.
Von Gottes Sohn, der
wirklich
wahrhaftig
ganz und gar
da ist.

Für jede. Für jeden.
Ohne versteckte Kosten.
Ohne Kleingedrucktes.
Ohne Wenn und Aber.

Mein Traum von einer Kirche.
In der unsere Liebe zu Gott nicht daran gemessen wird,
wie oft und wie fromm einer betet.
Sondern daran, ob wir DA sind.

Und WIE wir da sind.
So wie Jesus es war.
Und ist.

Für uns.
Bis ans Kreuz.
Und darüber hinaus.

Eine Woche in Taizé

Zwischendurch beim Café, beim Essen, beim Schlangestehen, im Seitenschiff der Kirche bei der Beichte. Oder auf der eiskalten Kirchentreppe nachts um halb zwölf, beim Sich-zufällig-über-den-Weg-Laufen. Und vor dem »Oyak«. … Wir reden über das Leben, über den Tod und alles, was dazwischen so passiert und darüber hinaus. Über die Zukunft, über Träume und Sehnsucht. Über die Liebe. Über Zweifel, Angst und Hoffnung. Über Beziehungen und alles (!), was dazugehört. Über Gott und seine Kirche. Über Stress, Streit, Versöhnung und Lachen. Über alberne Geschichten, skurrile Erlebnisse und tiefe Momente. Über entscheidende Fragen, anstehende Entscheidungen und all die Möglichkeiten, die das Leben so bietet …

Wir essen, lachen, weinen, räumen Müll weg und kehren Wege. Wir diskutieren und ringen miteinander. Wir beten gemeinsam und erleben Kirche, wie sie schön ist und eigentlich immer und überall schön sein sollte. Wir feiern Eucharistie, das heilige Abendmahl – ohne erst zu prüfen, ob alle katholisch sind und die Standards erfüllen. Wir tun's einfach. Und es tut gut.

Wir leben.

Und Gott?

Ist mittendrin!

Stampes

Wenn ich etwas auf den Tod nicht ausstehen kann – dann sind es: Kartoffeln! Kartoffeln sind für mich die widerlichste Erfindung Gottes. Ich kann einfach nicht nachvollziehen, wie die Menschheit auf die Idee kommen konnte, dieses Zeugs als Nahrungsmittel zu nutzen. Pommes und Chips sind übrigens per Definition für mich keine Kartoffeln. Pommes sind geil – und Chips sind lecker. Das ist einfach so. Akzeptiert das bitte. Aber alle anderen Zubereitungsarten von Kartoffeln könnt ihr in die Tonne kloppen. Amen.

Am schlimmsten ist Kartoffelbrei. Wir Saarländer sagen *Stampes* dazu. Diese pürierte Pampe, die man seinem ärgsten Feind nicht an den Hals wünscht. Wenn du mich loswerden willst, serviere mir einfach einen Teller Stampes. Und das war's mit unserer Freundschaft …

Es gibt eine Ausnahme. Einen einzigen Ort auf diesem Planeten, an dem ich ohne Murren und Zicken meinen Teller Kartoffelbrei restlos leer löffele: Taizé.

Jedes Jahr versuche ich, eine Woche an diesem Fleckchen Erde in Frankreich zu verbringen. Tausende Jugendliche und junge Erwachsene kommen nahezu jede Woche nach Burgund, um miteinander und mit den Brüdern der Gemeinschaft von Taizé zu leben. Das Leben ist einfach: Es gibt drei Gebetszeiten am Tag, jede und jeder hat eine Aufgabe und besucht täglich eine Gesprächsrunde, in der man sich über das Leben und den Glauben austauscht.

Die Woche in Taizé ist total durchstrukturiert – und gleichzeitig auf liebenswerte Weise chaotisch und unberechenbar. Die Zeit in Taizé erdet mich und meinen Glauben und lässt mich mit Gott in Kontakt treten. Sie schmeckt nach Freiheit – und an manchem Tag eben auch nach Kartoffelbrei.

Jedes Mal, wenn ich an diesem Ort bin, brauche ich ein, zwei Tage zur Eingewöhnung. Ich weiß, dass es hier nicht »ultra-bequem« ist, dass das Essen immer zu wenig und selten besonders schmackhaft ist. Ich weiß aber auch, dass diese sieben Tage meinen geistlichen Akku garantiert aufladen werden. Diese Erfahrung ist so unendlich wertvoll – dafür löffele ich freiwillig einen Teller Stampes leer. Und zur Not auch zwei.

Weiter Horizont

Ilha Grande. Eine grüne Insel im Atlantik, kurz vor der Küste Brasiliens. Zum größten Teil besteht sie aus Bergen und Urwald. Eine Handvoll Dörfer schmiegen sich an den Küstenstreifen. Autos gibt es hier nicht. Entweder schlägst du dich zu Fuß durch den Urwald oder du fährst mit dem Boot an der Küste entlang. Es gibt Touristen, aber nicht zu viele. Ilha ist Naturschutzgebiet – von Bettenhochburgen keine Spur. Ein traumhafter Ort. Hierhin hat es uns zum Abschluss des Weltjugendtages verschlagen. Es geht uns um ein paar Tage Entspannung nach all dem Trubel. Runterkommen und das Erlebte Revue passieren lassen. Am Strand, im

Wasser, in der Hängematte oder beim Wandern – jeder darf sich selbst aussuchen, worauf sie oder er gerade Lust hat.

Am letzten Abend wollen wir gemeinsam Gottesdienst feiern. Angesichts solch einer fabelhaften Location muss die Feier natürlich am Strand stattfinden. Und wir feiern in den Sonnenuntergang hinein, so viel ist klar.

Am Morgen dieses letzten Tages fragen wir einen Inselbewohner, ob es im Dorf Fackeln zu kaufen gibt – die Sonne geht hier sehr schnell unter, und ein wenig Licht brauchen wir dann doch. »Nein«, sagt er, »aber gebt mir ein paar Stunden Zeit.« Nachmittags ruft er uns zu sich. Wir sollen ein paar starke Jungs mitbringen und ihm beim Tragen helfen: Er hat aus Bambusrohren und leeren Bierdosen große Fackeln gebastelt, die wir in Kreisform am Ufer des weißen Strandes in den Sand stecken. Auf diese Weise bauen wir uns unsere eigene Kirche, begrenzt mit leuchtenden Fackeln. Offen zum weiten Horizont, zum Meer, in das nun langsam und majestätisch die Sonne eintaucht, feiern wir Gottesdienst. Ohne großes Brimborium, ganz einfach und schlicht. Mit einer Gitarre, guten Liedern und viel Zeit für Stille. Im

Hintergrund das Rauschen des Meeres und ein Abendlicht, das alles golden umhüllt. Wir erzählen uns gegenseitig von den Umarmungen Gottes, die wir in diesen Tagen gespürt haben. Die eine oder andere Träne kullert. Wir beten und sagen Danke.

Kirche braucht so wenig, um zu strahlen. Manchmal nur eine kleine Gruppe von Menschen, die miteinander unterwegs sind und einen Ort zu dem ihren machen. Die den passenden Moment spüren und voll auskosten. Die sich gemeinsam nach etwas sehnen – nach der Weite des Horizonts.

Let the party begin

Zwei Tage haben wir gebraucht – von Frankfurt über Madrid nach San José in Costa Rica. Dann geht es mit dem Bus weiter in Richtung Westen in das kleine Pazifikstädtchen Chacarita. Hier beginnt für uns der Weltjugendtag 2019. Während der Reisebus vor der Kirche hält und seine Türen öffnet, spielt draußen eine Band. Laut, rhythmisch und fröhlich. Aus der Kirche stürmen uns bunt maskierte Jugendliche entgegen. Sie jubeln, klatschen, singen und tanzen. Und sie fordern uns gleich auf mitzumachen.

Unsere deutsche Gruppe braucht einen Augenblick, um den Kulturschock zu überwinden. Dann ziehen wir tanzend mit den anderen Jugendlichen in die Kirche ein. Die Party vor dem Altar nimmt kein Ende und der Lärm im Raum ist ohrenbetäubend. Völlig verschwitzt lassen wir uns eine halbe Stunde später auf die Kirchenbänke fallen, werden dann noch einmal herzlich begrüßt und lernen unsere Gastfamilien kennen, bei denen wir in der nächsten Woche wohnen und leben dürfen.

In dieser Woche treffen wir uns sehr oft in jener kleinen Kirche. Die Bänke werden dann immer so zusammengeschoben, wie es gerade passt. Wir beten miteinander und feiern Gottesdienste. Und wir singen und tanzen jedes Mal bis zur Erschöpfung. Von Tag zu Tag tauen wir mehr auf und genießen diese ausgelassene und fröhliche Art zu glauben in vollen Zügen. Und ganz nebenbei überwinden wir tanzend jegliche Sprach- und Verständigungsgrenzen.

Zu Hause erwartet uns dann neben dem nervigen Jetlag ein mittelschwerer kirchlicher Kulturschock. Ich kenne das zur Genüge: Jedes Mal, wenn ich erfüllt von solchen wunderbaren Erfahrungen des Kirche-Seins zurückkomme, spüre ich, dass uns in Deutschland etwas fehlt. Etwas, was ich unserer Kirche so sehr wünschen würde. Nein, es muss nicht in jedem Gottesdienst getanzt werden. Aber ein wenig mehr Party und Freude – etwas weniger starre Ernsthaftigkeit – das würde uns so guttun.

Kirche darf Spaß machen. Und sie sollte es viel öfter! Laut, voller Lebensfreude und Energie. Das tut dem Glauben keinen Abbruch. Im Gegenteil, es erdet und gibt dem Glauben mehr Geschmack und Tiefe. Und ganz im Ernst: Worüber sollte sich Gott mehr freuen, als seine Kinder ausgelassen und fröhlich zu sehen? #dnkgtt

9
ES WIRD NIE LANGWEILIG

Verpeilt

Es gibt Menschen, die haben ihr Leben voll und ganz im Griff. Es ist geordnet, durchgeplant, vorherberechnet, beinahe schon perfekt. Und dann gibt es Menschen wie mich, die mehr oder weniger verpeilt auf dem Weg sind. Menschen, die jene Tage feiern, an denen es bei ihnen mal so richtig rundläuft. Und die gleichzeitig wissen, dass schon im nächsten Moment alles anders kommen kann als gedacht. Diejenigen, die Tag für Tag mit den Herausforderungen ihres Lebens jonglieren und denen dabei ständig Bälle aus der Hand fallen. Alle, die immer wieder versuchen, Ordnung in ihren Alltag zu bekommen, und sich allein beim Versuch regelmäßig Kratzer und Schürfwunden zuziehen.

Jepp. Ich gebe es zu: Ich bin verpeilt, vergesslich und ungeschickt. Mein Mundwerk ist manchmal schneller als mein Gehirn. Und mein Gehirn ist manchmal genauso unaufgeräumt wie meine Wohnung. Manche Details sehe ich überhaupt nicht oder viel zu spät. Die schlauen Gedanken kommen mir meistens erst spätabends, wenn ich im Bett liege und mich darüber ärgere, dieses oder jenes gesagt oder eben nicht gesagt zu haben. Ich bin nun mal kein großer Denker und Dichter. Mehr so ein kleines Licht, das versucht, Schritt für Schritt auf dem Weg vorwärtszukommen und dabei nicht über die eigenen Füße zu stolpern.

Und ich bin kein Freund hochtrabender Gedankenspiele. Eher ein Liebhaber der konkreten, greifbaren und echten Zeichen der Liebe Gottes, die ich in meinem Leben und in dem der anderen entdecken kann. Überhaupt mag ich das Einfache mehr als das Komplizierte. Und bin mir voll bewusst, dass das Leben nun mal weder einfach noch unkompliziert ist.

Das coole beim »Verpeilt-auf-dem-Weg-Sein« ist, dass man dabei total gut Gelassenheit und Demut üben kann. Denn ich weiß, dass ich definitiv nicht perfekt bin. Warum sollte ich also von meinem Gegenüber erwarten, dass es bei ihm anders ist?

Mein Leben hat jede Menge Ecken und Kanten – und trotzdem fühle ich mich von Gott total geliebt. Warum sollte er also andere Menschen weniger lieben, deren Leben auch eckig und kantig ist?

Ich gebe mir jeden Tag Mühe, alles, was ich tue, ein wenig besser auf die Kette zu kriegen. Das erwarte ich von mir – und auch von meinen Mitmenschen. Gleichzeitig glaube ich daran, dass Fehler erlaubt sind. Dass Gott zwar über manchen Fauxpas, den ich mir leiste, verärgert ist – mich aber dennoch weiter lieben wird. Und dass er mich anspornt, aufzustehen, die Krone zu richten und weiterzugehen, wenn ich mal wieder gestolpert und gefallen bin.

Übrigens –»verpeilt auf dem Weg« zu sein hat eine wirklich gute Seite: Es wird niemals langweilig. Denn wenn du mit genügend Humor unterwegs bist, gibt es jede Menge Gelegenheiten, über deine eigenen Schwächen herzlich zu lachen. Ich bin mir sicher: Gott lacht mit – er hat uns schließlich so geschaffen, wie wir sind. Und er hat Humor.

Das Heiligtum zickt

Im zweiten Stock der Webergasse 11 in Speyer – ganz hinten, am Ende des Ganges – befindet sich DAS HEILIGTUM. Ein sagenumwobener Ort, zu dem an jedem Werktag zahlreiche Menschen voller Sehnsucht pilgern. Schon frühmorgens, wenn in den Gängen noch friedliche Ruhe herrscht, huschen die ersten müden Pilger durch seine Pforten.

Erwartungsvoll stehen sie vor einem mattschwarzen Kasten, dem Herz des Heiligtums. Sie huldigen ihm mit einer monetären Opfergabe und warten geduldig darauf, dass der Kasten geräuschvoll zum Leben erwacht.

Wenn das Heiligtum sich gnädig erweist, beginnt es, wundersame Dinge zu tun: Es mahlt, stampft, zischt und gluckert. Aus einer kleinen Öffnung am unteren Ende ergießt sich bald darauf der verheißungsvolle Strahl eines köstlichen Elixiers: Kaffee!

Das Ganze ist ein Wunderwerk der Ingenieurskunst. Auf geheimnisvolle Weise entsteht aus fair gehandelten Bio-Kaffeebohnen ein Zaubertrank, der den müden Mitarbeiterinnen und Mitarbeitern neues Leben einhaucht.

So ein Heiligtum ist aber auch … zickig! Denn es will jede Woche ausgiebig gereinigt werden. Geschieht dies nicht, rächt es sich: indem in seinem Inneren allerlei Schimmelsorten entstehen, die die Freude am Kaffeegenuss heftigst trüben. Deshalb gibt es einen ausgeklügelten Plan, der dafür sorgt, dass jede Woche einer Reinigungsdienst hat.

Vor Kurzem hatte ich diese Aufgabe. Die ganze Prozedur folgt einer streng zu befolgenden Choreografie, während der man nahezu das ganze Gerät in seine Einzelteile zerlegt, alles gründlich putzt und danach wieder zusammenbastelt. Ihr ahnt es bereits: Der Faktor Mensch ist dabei eine nie versiegende Quelle von allerlei möglichen Fehlern.

Und natürlich hab ich es versemmelt: Nach einer halben Stunde stehe ich vor der fertig gereinigten und glänzenden Kaffeemaschine und halte einen winzigen Dichtungsring in der Hand. Keine Ahnung, wo der jetzt noch hingehört. »Wird schon nicht so schlimm sein«, denke ich und gehe weg.

Keine fünf Minuten später steht eine Kollegin vor mir: »Carsten. Da stimmt was nicht mit der Maschine. Die ist innendrin komplett nass!« Also tigere ich zurück zum Heiligtum und finde nach kurzer Zeit den Fehler. Dichtungsring rein, dann blubbert das Heiligtum wieder, wie es sich gehört.

»Manchmal«, denke ich mir auf dem Weg zurück ins Büro, »kommt es wirklich auf jede noch so winzige Kleinigkeit im Leben an.« Dann kann ein klitzekleines und scheinbar völlig unwichtiges Detail über Gelingen und Scheitern entscheiden.

Muss ich mir merken …

OZtrail
SUNROOM

Mut zum Unperfekten

Ob mich dieses Erlebnis dazu gebracht hat, jetzt mein ganzes Leben bis ins kleinste Detail durchzuplanen und zu strukturieren? Von wegen!

Stell dir vor, es wäre möglich, dass du tatsächlich dein Leben komplett und bis zur letzten Stellschraube durchorganisieren könntest. Dass du quasi einen kompletten Masterplan für dein Leben in der Hand hättest. Einen Plan, der so perfekt berechnet und so gründlich strukturiert ist, dass du zukünftig alles – wirklich alles – in den Griff bekommst. Damit könntest du deinen Alltag bis auf die Sekunde genau planen. Und du wüsstest schon vorher, was alles auf dich zukommt, und könntest auf diese Weise natürlich um Gefahrenquellen herumschiffen, jedem nahenden Unglück ausweichen und rechtzeitig die Kurve kriegen.

Klar: Dann wäre dein Leben wirklich »safe«. Nie wieder würde es zu bösen Überraschungen kommen oder zu peinlichen Zwischenfällen. Du könntest die Redewendung »dumm gelaufen« getrost aus deinem Wortschatz streichen.

Aber wäre dein Leben nicht auch total langweilig, weil alles vorhersehbar ist? So geradeaus wie eine schier endlose, stinklangweilige Autobahn? Es gäbe auf jeden Fall keinerlei unerwartete Wendungen, keine »Ach-du-Scheiße-was-mach-ich-jetzt-bloß«-Momente mehr. Du wüsstest ja stets vorher, was kommt. Und es gäbe natürlich auch keine Herausforderungen, an denen du wachsen könntest. Abenteuer, die du zu bestehen hast – gestrichen. Und keine Überraschungen mehr, die dein Herz höher springen lassen und das Adrenalin durch deine Adern pumpen.

Ich glaube, es ist gut, dass sich unser Leben nicht komplett durchplanen lässt. Und es ist sehr gut, es erst gar nicht zu versuchen. Sondern wir sollten den Mut haben, unperfekt zu sein. Ganz bewusst nicht alles schon im Voraus zu planen – und sich stattdessen überraschen lassen. Damit rechnen, dass alles vielleicht nicht total easy und wie geschmiert laufen wird. Gleichzeitig darauf vertrauen, dass die Abenteuer, die mit dem Unperfekten einhergehen, oft die besten Zeiten im Leben sind.

Sichere Bank

Der Himmel über unseren Köpfen ist grau verhangen. Ein nasskalter Wind bläst uns um die Ohren. Es ist lausig kalt und herrlich ungemütlich. Wir genießen es.

Die würzig-frische Meeresluft, die uns hier oben an der Nordsee entgegenbläst, tut gut. Genau wie das Geschrei der

Möwen und das Rauschen des Meeres, das uns unermüdlich auf unserer Wandertour durch die Dünen begleitet.

Wir freuen uns an der Weite des Horizonts, quatschen über Gott und die Welt. Irgendwie landen wir beim Thema Geld und philosophieren über die Ungewissheit einer möglichen Rente, die unsere Generation und auch die folgenden erwartet. Ob es sich bei der derzeitigen Lage lohnt, Geld anzulegen oder irgendwie zu investieren? Wie viel Risiko ist vertretbar – und welche Anlageformen sind auch ethisch in Ordnung? Und kann ein »Otto-Normalverdiener« es sich überhaupt leisten, für die Zukunft zu sparen?

Auf alle diese Fragen haben wir keine Antwort. Und doch bleiben wir an einem Gedanken hängen, der uns für den Moment vollkommen genügt: Die besten Investitionen – da sind wir uns einig – sind jene, die wir in gemeinsame Erlebnisse mit Menschen stecken, die uns am Herzen liegen: in gemeinsam verbrachte Stunden, Tage und Jahre. Zusammen essen und trinken. Miteinander ernst oder albern sein, lachen und weinen. Ausflüge und Urlaube machen, Erinnerungen sammeln. Diese »Bank« ist sicher – und es lohnt sich allemal, auf sie zu setzen und in diesem Sinn kräftig zu investieren.

Need for Speed?

Frühjahr 2019. Während allerorten Pflegenotstand herrscht, Wohnen in Ballungsräumen immer unerschwinglicher wird und Greta Thunberg, eine 16-jährige Schwedin, sich für unseren Planeten einsetzt, der klimatechnisch einer Katastrophe entgegendüst, zanken wir voller Inbrunst über das Tempolimit auf deutschen Autobahnen. Es gibt anscheinend kaum Wichtigeres als freie Fahrt für freie Bürger.

Das mit der freien Fahrt haben ein Kumpel und ich schon während des Studiums mal ausgetestet. Ein Autobauer hat uns beauftragt, zwei PS-starke Wagen nach München zu überführen. Halb zum Spaß, halb aus Neugier vereinbaren wir, gleichzeitig loszufahren: Er mit möglichst viel Vollgas; ich mit maximal 130 km/h …

Wenige Stunden später komme ich in München an. Mein Kumpel ist schon da – allerdings erst seit 25 Minuten. Er ist mit den Nerven am Ende und wirkt total gestresst. Ich bin tiefenentspannt und fit. Er hat anderthalb Tankfüllungen verballert. Mein Tank ist noch zu einem Viertel voll. Klar, das war keine qualitative wissenschaftliche Studie. Trotzdem fahre ich seitdem meistens etwas gemütlicher, verbrauche weniger fossile Brennstoffe und schone damit den Planeten. Außerdem bin ich vermutlich sicherer unterwegs, und ich kann die Landschaft und nebenbei ein gutes Hörbuch genießen.

Was mein Leben und meinen Job betrifft, bin ich noch dabei, diese Technik einzuüben. Wie oft düse ich mit Vollgas und mit vollem Terminkalender durch den Alltag. Ständig bewege ich mich so an meinem Limit, bin übermüdet und gestresst, weil ich zu oft »Ja« sage und einen guten Teil meiner Zeit mit unproduktiven Sitzungen verbringe. Oder mit Nebensächlichkeiten und unnötigen Diskussionen und kleinlichen Streitereien, die so viel unwichtiger sind, als wir es meinen.

Ab und zu gelingt es mir, den Fuß vom Gas zu nehmen. Den Blick vom Terminkalender zu heben und diese wunderbare Welt um mich herum zu genießen. Manchmal stelle ich mir dann vor, dass Gott in diesen Momenten leise lächelt und sich denkt: »Endlich! Endlich schaltet er mal einen Gang runter. Endlich nimmt er sich mal Zeit, wirklich zu leben. DAS ist Freiheit.«

Psalm 127,2
Was könnt ihr denn ohne Gott erreichen?
In aller Frühe steht ihr auf und arbeitet bis tief in die Nacht;
mit viel Mühe bringt ihr zusammen,
was ihr zum Leben braucht.
Das gibt Gott den Seinen im Schlaf!

Update fürs Navi

Einmal im Jahr gibt's neues Kartenmaterial fürs Navigationssystem meines Autos. Dieser Tag ist heute. Endlich. Denn bei meinen Fahrten quer durchs Land bin ich in den letzten Monaten mehrmals Umwege gefahren: Mein Auto kannte manche neuen oder veränderten Straßen einfach noch nicht. Jetzt warte ich geduldig, während mein Mac tonnenweise Daten aus dem Internet scheffelt und auf die SD-Karte zieht.

Heute ist übrigens der zweite Advent. Passt irgendwie ganz gut zusammen, denke ich mir. Ich sitze in meinem Sessel und denke an die Wege zurück, die ich im vergangenen Jahr gefahren und gegangen bin. 30 000 Kilometer mit dem Auto (zu viel, ich weiß). Ein paar Tausend Kilometer per Bus und Flugzeug. Knapp 1000 Kilometer mit dem Fahrrad. Dazu viele ungezählte Kilometer zu Fuß. Ich war am Meer und in den Bergen, habe mir Blasen gelaufen und mich mit und ohne Navi mehrmals auch in der Landschaft verloren. Mich, wie man so schön sagt, »verlaufen« – im wörtlichen und im übertragenen Sinn. Der Weg hat mich ins Schwitzen gebracht und an meine Grenzen. Manchmal habe ich auch ganz schön gefröstelt – sei es wegen der Kälte des Winters oder manch menschlicher Kälte in unserer Welt und in unserer Kirche. Über weite Strecken war ich mit anderen Menschen unterwegs. Manche Wege durfte oder musste ich ganz alleine bewältigen.

Während mein Mac die alten Kartendaten löscht, schließe auch ich mit manchen Wegabschnitten ab. Der eine Abschnitt war letztlich eine Sackgasse. Andere Wege, die ich gegangen bin, waren wunderbar. Die werde ich mir merken. Sie haben sich in meine Seele eingeschrieben und sie haben Spuren hinterlassen. Danke Gott!

Schließlich gibt es auch ein paar Wege, die noch nicht abgeschlossen sind. Hier werde ich weitergehen müssen – oder dürfen. Wie man's nimmt.

Das Karten-Update ist jetzt fertig und kann installiert werden. Ich bin gespannt auf die Wege, die vor mir liegen. Und freue mich auf neue Perspektiven und Abenteuer. Weiter geht's.

⁂

Ich liebe die Trilogie *Herr der Ringe* und das Buch *Der kleine Hobbit*. Eine meine Lieblingsfiguren ist Bilbo Beutlin, ein typischer Hobbit. Gemütlich, heimatverbunden, raucht gerne Langgrundblatt (das beste Kraut des Auenlandes) und hat Haare auf den Füßen. Trotzdem lässt er sich dazu überreden, eine lange und schwere Reise mit vielen Gefahren auf sich zu nehmen.

Zwerge sind Bergleute. Tief unter Tage graben sie nach Gold und Edelsteinen. Sie sind stark und draufgängerisch. Nicht immer sind sie die hellsten – und doch recht liebenswert. Und sie haben eine tiefe Sehnsucht in sich und wissen genau, was sie wollen: ihre Heimat zurückerobern.

Die Zwerge kennen ihren Schatz schon – und sind bereit, für ihn große Risiken einzugehen und dafür zu kämpfen. Und dann gibt es noch Gollum, der sich an einen falschen »Schatz« bindet – und den Sinn für alles Schöne und Wertvolle im Leben verliert.

Bilbo weiß am Beginn der Reise noch nicht, wie sein »Schatz« aussieht. Erst später beginnt er zu verstehen, dass diese Reise seine »Berufung« war. *Das* Abenteuer seines Lebens, bei dem er über sich selbst hinausgewachsen ist und einen unglaublichen Schatz an Freunden und Erfahrungen gefunden hat …

»Wo dein Schatz ist, da ist dein Herz«, sagt Jesus einmal.

Weißt du schon, wie dein Schatz aussieht? Was deine Berufung ist? Falls nicht: keine Sorge. Du musst nur aufbrechen, dein gemütliches »Hobbithäuschen« verlassen – und damit beginnen zu suchen. Du wirst deinen Schatz finden. Allerdings braucht es dazu Mut. Denn eine Schatzsuche fordert dich heraus und ist nicht ganz ungefährlich. Es könnte passieren, dass sich etwas in deinem Leben gravierend ändert.

Bilbo und die Zwerge haben auf ihrer Reise Gandalf, den Zauberer, dabei. Der hilft ihnen mehr als einmal aus dem Schlamassel heraus. Auch du brauchst nicht alleine auf Schatzsuche zu gehen. Eines ist sicher: Mit den passenden Gefährten – und mit Jesus an deiner Seite – wartet ein spannendes Abenteuer auf dich …

Und weiter?

Mein persönlicher Weg hat mich durch Höhen und Tiefen, vorbei an allerlei Kreuzungen in Sackgassen und Durststrecken hinein- und wieder rausgeführt. Durch schmerzhafte und wunderbare Erfahrungen hindurch und mithilfe

wunderbarer Menschen dahin, wo ich jetzt stehe. Manchmal bringt mich der Alltag an den Rand der Verzweiflung. Manchmal bin ich einfach nur zutiefst glücklich und erfüllt. Und meistens bin ich damit beschäftigt, einfach weiterzugehen. Zu schauen, welche Überraschungen Gott noch so für meinen Weg bereithält.

Das Schönste am Priestersein ist, dass ich Menschen in besonderen Situationen ihres Lebens und in ihrem Alltag begleiten darf. Dabei erlebe ich viel Vertrauen und auch eine große Verantwortung: Denn ich kann so manchen unterstützen und stärken. Aber ich kann auch als Priester die mir anvertrauten Menschen vor den Kopf stoßen und aufkeimenden Glauben mit meiner Art zu handeln kaputt machen.

Mein Job ist es, Wegbegleiter zu sein: für Suchende, Fragende, Zweifelnde, Hoffende, Trauernde, Verliebte, Lachende und Weinende. Das funktioniert meist recht gut – wenn ich nicht den äußerst dämlichen Fehler mache, meinen eigenen Vogel mit dem Heiligen Geist zu verwechseln.

Das wahrhaft Große und Großartige bei all meinem Tun bin nicht ich – sondern Gott, der in mir und durch mich wirkt.

Meine Erfahrung als Reisender sagt mir, dass vor mir viele weitere Wegkreuzungen liegen, an denen ich mich für eine bestimmte Richtung entscheiden muss. Hinter dem Horizont liegen noch mancherlei Berge, die es zu erklimmen gilt, und wohl auch einige dunkle Nebelwälder, durch die ich hindurch muss. Dass sonnige Abschnitte und wunderbare Landschaften auf mich warten, da bin ich gewiss. Zeiten, in denen ich gemeinsam mit anderen das Leben genießen und feiern darf. Aber ich weiß auch, dass es Wegpunkte geben wird, an denen ich mich von lieben Menschen verabschieden muss – und dass das richtig wehtun wird.

Manche der Wegstrecken werde ich alleine gehen. Ein anderes Mal werde ich Gesellschaft haben. Herausforderungen werden kommen und hoffentlich genügend chillige Auszeiten zum Luftholen.

Wohin mich mein Weg noch führen wird? Keine Ahnung. Aber was auch immer kommen wird: Ich vertraue fest darauf, dass Gott dabei ist. Weiter geht's …

10

VERTRAUEN

Testfahrten

Ein Bekannter eines Bekannten hat irgendwo aufgeschnappt, dass eine Agentur, die für einen großen Autobauer in der Nähe von Mainz arbeitet, Jobs für Studierende zu vergeben hat. Neugierig höre ich nach und stehe ein paar Wochen später zum Vorstellungsgespräch in einem kleinen Büroraum. Dort lasse ich mir erklären, dass es nicht nur um Überführungen von Testwagen quer durch Deutschland und Europa geht. Es werden auch Fahrer*innen gebraucht, um Promis und Presseleute bei Konzerten, Autorennen und Events zu chauffieren. Ich dürfe gleich nächste Woche mit einem ersten Job beginnen: Ein Geländewagen soll aus Saarbrücken zurück ins Werk gebracht werden. Ein paar Tage später stehe ich vor einem gigantischen Koloss. Gigantisch wirkt das Gefährt auf mich sicherlich auch deshalb, weil ich bis dato nur einen winzigen alten Panda mit 34 PS gefahren bin.

Dieser Wagen, vor dem ich jetzt stehe, ist nicht nur riesig groß, sondern hat auch noch ein Automatikgetriebe. Für mich wird es deshalb eine doppelte Herausforderung. Keine Stunde später ist die Fahrt schon wieder vorbei. An einer Kreuzung bin ich volle Kanne in ein anderes Fahrzeug hineingefahren. Dessen Fahrer ist zum Glück nichts passiert. Die beiden Karren hat es jedoch ziemlich zerlegt. Beides

Totalschaden. Und ich bin schuld. Mein ersten Gedanke nach dem Schreck: Das war's wohl – den neuen Job kann ich gleich wieder an den Nagel hängen …

Aber von wegen! Einen Tag später stehe ich mit dem Agenturchef vor dem Schrotthaufen. Und er grinst mich an. »Dem hast du's aber gegeben«, meint er trocken. »Und damit du's lernst, wirst du in den nächsten Monaten nur große Fahrzeuge fahren!«

Fünf Jahre bin ich für die Firma quer durch Deutschland und Europa getingelt. Unfallfrei. Mit einem wirklich coolen Job und jede Menge Spaß konnte ich mir das Studium finanzieren. Und nebenbei eine echt wertvolle Lektion in Sachen Vertrauen lernen: Manchmal trauen dir andere mehr zu als du dir selbst. Und einige schenken dir sogar dann noch einen Vertrauensvorschuss, wenn du's schon auf den ersten Metern versaubeutelt hast.

Also: Trau dir was zu. Lass dich herausfordern. Freu dich über Vertrauensvorschüsse – und verteile selbst großzügig welche.

Nachthimmel

Wann hast du das letzte Mal den Nachthimmel betrachtet? Nicht einfach nur mal so kurz hochgesehen, sondern so richtig betrachtet.

Bei mir ist es erst ein paar Wochen her. Nach einem sagenhaften Konzertabend und mit bester Laune radele ich zehn Kilometer nach Hause. Um meine Ohren kalter Fahrtwind, vor meinen Augen tiefes Schwarz und ein paar Meter Weg, vom LED-Licht der Fahrradlampe beleuchtet. Mitten im Nirgendwo der Landstraße gibt es plötzlich ein lautes, rhythmisches Zischgeräusch. Mit jeder Umdrehung der Reifen wird es zuerst lauter, dann sehr schnell deutlich leiser. Gleichzeitig ruckelt und holpert es immer stärker. Ein ausgewachsener Platten.

Nach einem ersten »Sch…« überlege ich, was ich jetzt tun kann. Freunde anrufen, zum Beispiel. Aber es ist schon ganz schön spät. Und es macht eh keinen großen Unterschied, ob ich jetzt eine Stunde warte, bis jemand kommt und mich aufsammelt – oder ob ich den Drahtesel einfach nach Hause schiebe.

Ich werde das Teil schieben und definitiv nicht zulassen, dass dieser Platten mir den wunderbaren Abend versaut.

Im Schritttempo geht's weiter. Um die Ohren ist es immer noch kalt. Vor den Augen immer noch ein tiefes Schwarz. Gedankenverloren hebe ich den Blick – und beginne, während ich langsam weitergehe, Sterne zu betrachten.

Seltsam. Die waren schon die ganze Zeit über da oben am Nachthimmel. Aber erst jetzt sehe ich sie. Jetzt, wo ich nur noch im Schneckentempo vorankomme.

Es ist einfach wunderschön. Je länger ich nach oben schaue, desto voller scheint der Himmel zu werden. Da – eine Sternschnuppe. Einfach nur WOW!

Erkenntnis der Nacht: Ohne den doofen Platten hätte ich dieses grandiose Schauspiel niemals gesehen. Danke dafür, Gott. Auch wenn ich deinen Humor immer noch etwas schräg finde. Und hey: Erinnere mich bitte bei Gelegenheit daran, hin und wieder auch ohne besonderen Grund den Himmel zu betrachten. Die Spuren anzuschauen, die du da oben hinterlassen hast. Da oben – und in meinem Leben.

Auf Achse

Eine der schönsten Geschichten in der Bibel ist folgende (frei nach Lukas, Kapitel 18): Jesus ist mal wieder mit seinen Freundinnen und Freunden auf Achse und landet in einem unbekannten Dorf. Die Leute sind total aus dem Häuschen und freuen sich. Offensichtlich ist er bekannt wie ein bunter Hund. Also laufen ihm alle entgegen. So einen Star hat man ja nicht jeden Tag im Dorf … Viele Eltern bringen auch gleich ihre Kinder mit. Jesus soll sie segnen. Die Jünger sind ziemlich genervt von all dem Trubel. Sie fahren die Leute an: »Hey, jetzt lasst den Jesus mal in Ruhe. Nehmt die Kids weg! Die stören nur.«

Und Jesus? Ganz lässig fordert er seine Jünger auf, sich

mal locker zu machen: »Lasst die Kinder zu mir kommen. Menschen wie ihnen gehört das Reich Gottes.«

Was meint er damit? Ganz einfach: Schau dir mal eine Mutter an, die ihr kleines Baby auf dem Arm trägt. Oder einen Vater. Dieses winzige Geschöpf ist total schutzlos und abhängig von seinen Eltern. Es kann weder große Reden schwingen noch sonst irgendwelche klugen Dinge tun. Es kann aber vertrauen. Und das macht es. Volle Kanne.

Es vertraut darauf, dass Mama und Papa da sind.

Ein kleines Kind macht es seinen Eltern nicht immer leicht. Es kostet sie Nerven ohne Ende. Es bereitet ihnen schlaflose Nächte. Und doch ist es ein großer Schatz.

Und das Kind weiß: Mama und Papa sind für mich da. Bedingungslos. Komme, was wolle.

Im besten Fall wachsen Kinder genauso auf: bei Eltern, die ihnen die Gewissheit geben, dass sie für sie da sind. Und dass sie ihnen absolut vertrauen können.

Babys und Kleinkinder haben uns Erwachsenen etwas voraus: Sie sind in der Regel noch nicht vom Leben oder von anderen Menschen enttäuscht worden. Sie können noch vertrauen.

Misstrauen ist ihnen fremd.

»Menschen wie ihnen gehört das Reich Gottes«, sagt Jesus. Denn solche kleinen Menschen setzen sich nicht unter Druck, um jemandem zu gefallen. Sie wissen einfach, dass er da sein wird. Sie brauchen niemandem etwas zu beweisen. Sie sind in der Lage, bedingungslos geschenkte Liebe anzunehmen.

Vermutlich hat dein Vertrauen in andere Menschen oder in Gott im Lauf des Lebens ein paar heftige Kratzer abbekommen. Vielleicht fällt es dir schwer, so zu vertrauen wie ein Kind. Vielleicht spürst du irgendwo tief in dir die Sehnsucht, so vertrauen und glauben zu können wie ein Kind. Und das … das ist schon mal ein guter Anfang.

Ich hab's getan!

Da liege ich ganz gemütlich mit einem Bier in der einen und einem Buch in der anderen Hand am Pool, als plötzlich ein paar junge Erwachsene vor mir stehen: »Wir brauchen noch zwei Leute fürs Banana Boat!« Weil ich schon einen leichten Sonnenstich habe (vielleicht auch wegen des Bieres – so genau weiß man's nicht), springe ich todesmutig auf. »Okay. Bin dabei.«

Kurz darauf stehen wir mit modischen Schwimmwesten bekleidet am Strand und begutachten kritisch das bananenförmige Etwas, welches mit einem Seil an einem Jetski vertäut ist. Die Anweisungen des Guides sind ebenso kurz wie deutlich. »Aufsteigen und gut festhalten. Könnte sein, dass es etwas ungemütlich wird.« Aha.

Während der Jetski Fahrt aufnimmt und ich mich an diesem seltsamen Bananen-Gummi-Dingens festklammere, schießt mir kurz der Gedanke durch den Kopf, ob es wirklich so eine gute Idee war. Jedoch bleibt keine Zeit, weiter zu grübeln. Der Jetski hüpft über eine Welle, wir schleudern nach links, fliegen in hohem Bogen übers Meer, und ich knalle mit dem Kopf voran ins Wasser. Während ich gefühlt einen halben Liter Salzwasser einatme und einen Moment lang nicht mehr weiß, wo oben und unten ist, überkommt mich ein leichter Panikanfall.

Die Schwimmwesten tragen uns zum Glück an die Wasseroberfläche, und wir robben irgendwie zurück aufs Banana-

Boat. Weiter geht's mit Speed über den Pazifik. Wir hüpfen über die Wellen, klammern uns an der Banane und aneinander fest und können doch nicht verhindern, uns zwei weitere Male heftig zu überschlagen.

Zurück am sicheren Strand, sind wir völlig platt – und kichern uns ins Koma. Diese 15 Minuten waren heftig. Zwischendurch hatte ich mehrmals echte Angst.

Wie bekloppt muss man sein, sein Leben einem gelben Banana-Boat, das über den Ozean flitzt, anzuvertrauen? Und doch werde ich diesen Ritt irgendwie auch in guter Erinnerung behalten. Denn manchmal darf man auch etwas verrückt sein.

Viel mehr Fragen

»Mit zunehmendem Alter wird der Mensch weiser und klüger.« Das sagt man so. Und es sagt sich so leicht. Und es ist … Blödsinn. Meine ich. Denn erstens kenne ich genügend junge Menschen (auch Kinder), die klüger und weiser denken als manche Erwachsene. Zweitens schaue ich mir hin und wieder die alten Männer (es sind ja meistens Männer) an, die in Politik und Wirtschaft die Geschicke der Welt lenken – und frage mich, wo da bitte schön Weisheit drinstecken sollte. Drittens: Wenn das Alter wirklich weise macht, warum wählen dann so viele ältere (sogar gebildete) Herrschaften populistische Parteien?

Ums klarzustellen: Nein, dieser Text wird kein Affront gegen alte Menschen. Auf gar keinen Fall. Denn ich kenne zum Glück auch sie: die Älteren, die Seniorinnen und Senioren, die wirklich weise sind. Die unabhängig von ihrem Bildungsstand über eine Lebensweisheit und Klugheit verfügen, die ein echter Schatz ist. Ein Schatz, den sie gerne und klug weiterschenken. Danke dafür.

Was ich sagen will: Ich glaube nicht daran, dass mit zunehmendem Alter ganz automatisch die Weisheit kommt und alle deine Fragen beantwortet. Im Gegenteil. Mit jedem Jahr staune ich mehr über die Spektakel, die wir Menschen auf und mit unserem Blauen Planeten veranstalten. Je mehr Antworten ich finde, desto mehr Fragen tun sich auf. Hinter jeder Erkenntnis verstecken sich neue Rätsel und Herausforderungen.

Ich glaube, derjenige Mensch ist weise, der sich bewusst ist, dass er niemals all die Fragen beantworten können wird, die sich stellen. Der Mensch ist weise, der neugierig bleibt und sich von der Rätseln der Welt faszinieren und herausfordern lässt. Der Mensch ist weise, der auch in Kindern und Jugendlichen Weisheit zu erkennen vermag. Der darauf vertraut, dass kluge Fragen weiter führen als allzu einfältige Antworten. Der Sinnsucherin oder Sinnsucher bleibt. Ein ganzes Leben lang.

⁂

Se deus quiser

Das ist eine Redewendung, die mir in Brasilien beinahe täglich begegnet. Wörtlich übersetzt bedeutet sie: »Wenn Gott es möchte.«

Se deus quiser – werden wir uns bald wiedersehen.

Se deus quiser – werden wir sicher ankommen.

Se deus quiser – wird morgen ein genialer Tag.

Se deus quiser – werden deine Träume in Erfüllung gehen.

Se deus quiser – wird es mit unserem Land bald bergauf gehen.

Se deus quiser – wirst du bald wieder gesund.

Se deus quiser …

Was mir auffällt: Meine brasilianischen Freunde sagen das nicht nur einfach so. Sie meinen es auch. Ernsthaft. Hinter ihrem *Se deus quiser* steckt ein unglaublich tiefes Vertrauen. Ein Vertrauen darauf, dass Gott es wirklich möchte: dass er tatsächlich nichts mehr für uns wünscht, als dass wir ein erfülltes und sinnvolles, ein glückliches Leben haben.

Nein, sie sind nicht naiv, die Brasilianer. Im Gegenteil. Sie leben in einem Land, in dem die Schere zwischen Arm und Reich gigantisch auseinanderklafft. In dem viele mit einer Smartphone-App prüfen, ob sie sich gerade einigermaßen sicher durch die Stadt bewegen können. Und in dem zu allem Unglück vor einiger Zeit ein rechtsradikaler Despot zum Präsidenten gewählt wurde.

Und doch halten meine Freunde an ihrem *Se deus quiser* fest. Sie weigern sich standhaft, ihr Vertrauen in Gott fallen zu lassen; gegen alle Widerstände und gegen alle widersprüchlichen Erfahrungen. Sie sagen zum Beispiel »*Se deus quiser* wird er den Armen helfen«. Und weil sie davon überzeugt sind, dass Gott wirklich auf der Seite der Armen ist, krempeln sie ihre Ärmel hoch und engagieren sich in sozialen Projekten. Weil: »Wenn Gott es will, stellen wir uns auf seine Seite und setzen uns dafür ein, dass es auch wird!«

Das *Se deus quiser* meiner Freunde steckt mich an. Ich sehne mich danach, ebenso fest und tief vertrauen zu können. Es spornt mich an, ihnen nachzueifern: auf Gottes unendliche Liebe zu vertrauen und mit meinem Herzen, meiner Vernunft und meinen Händen alles dafür zu tun, dass sein

Traum für uns Wirklichkeit wird. Mich einzusetzen für seine Welt. Für unsere Welt.

Und … wie sieht es mit dir aus?

Se deus quiser – wenn Gott möchte, nimmst auch *du* all deine Sehnsucht und dein Vertrauen zusammen, krempelst deine Ärmel hoch und arbeitest mit uns an einer Welt, in der Gerechtigkeit und Frieden wachsen und blühen?

Trotzdem!

Wenn ich eins im Leben gelernt habe, dann Folgendes: Du kannst noch so gute und ausgefeilte Pläne machen, das ist dem Leben herzlich egal. Es ist wild, ungezähmt und hat bisweilen einfach keinen Bock drauf, sich von noch so gut durchdachten Plänen eingrenzen zu lassen. Immer wieder pfeift es auf deine Vorstellungen und Ideen und wirbelt alles heftig durcheinander.

Manchmal k… mich das echt an. Wie oft schon hat mich das Leben auf diese Weise an meine Grenzen gebracht. Wie oft saß ich da und wusste nicht mehr weiter. War fertig mit der Welt. Müde, traurig; stinksauer auf das Leben, die Menschen und auf Gott. Ein Häufchen Elend.

Wie oft schon war im einen Moment noch alles gut – und im nächsten brach meine Welt in sich zusammen. Wie oft war ich schon kurz vor dem Verzweifeln? Hatte heftige Zweifel an meinen Mitmenschen und an mir selbst; an meinem Gott, an meiner Kirche. Überhaupt an dieser ganzen Welt, die so wunderbar sein könnte – und immer wieder so abgrundtief hässlich ist.

Wie kann ich einer Welt vertrauen, die so viele Schattenseiten hat? Wie kann ich Menschen vertrauen, die mich immer wieder enttäuschen? Wie kann ich einem Gott vertrauen, der mir in den dunkelsten Stunden oft so unendlich fern erscheint? So ohrenbetäubend still und schweigend?

Ich vertraue. Trotzdem. Und kann es nicht erklären. Es mag widersprüchlich sein, naiv, möglicherweise sogar dumm. Vielleicht liegt es daran, dass ich ohne Vertrauen schon längst aufgegeben hätte. Vielleicht aber auch daran, dass ich selbst in der schwärzesten Nacht meines Lebens immer wieder Sterne am Himmel entdecke, die mir einen Funken Hoffnung geben.

Ich vertraue. Auch weil es mindestens eine Handvoll Menschen gibt, die mich bedingungslos lieben. Und natürlich weil die Frohe Botschaft Jesu in mir – trotz all dem Mist, den ich erlebe – eine Hoffnung am Leben wachhält, die einfach nicht verschwinden will.

Es gibt das Gute da draußen in der Welt. Es gibt echte Liebe. Leidenschaft, Hingabe, Selbstlosigkeit. Daran halte ich mich fest. Daran glaube ich. Darauf vertraue ich. Komme, was wolle.

Trotzdem. Deswegen.

11
SEHNSUCHT

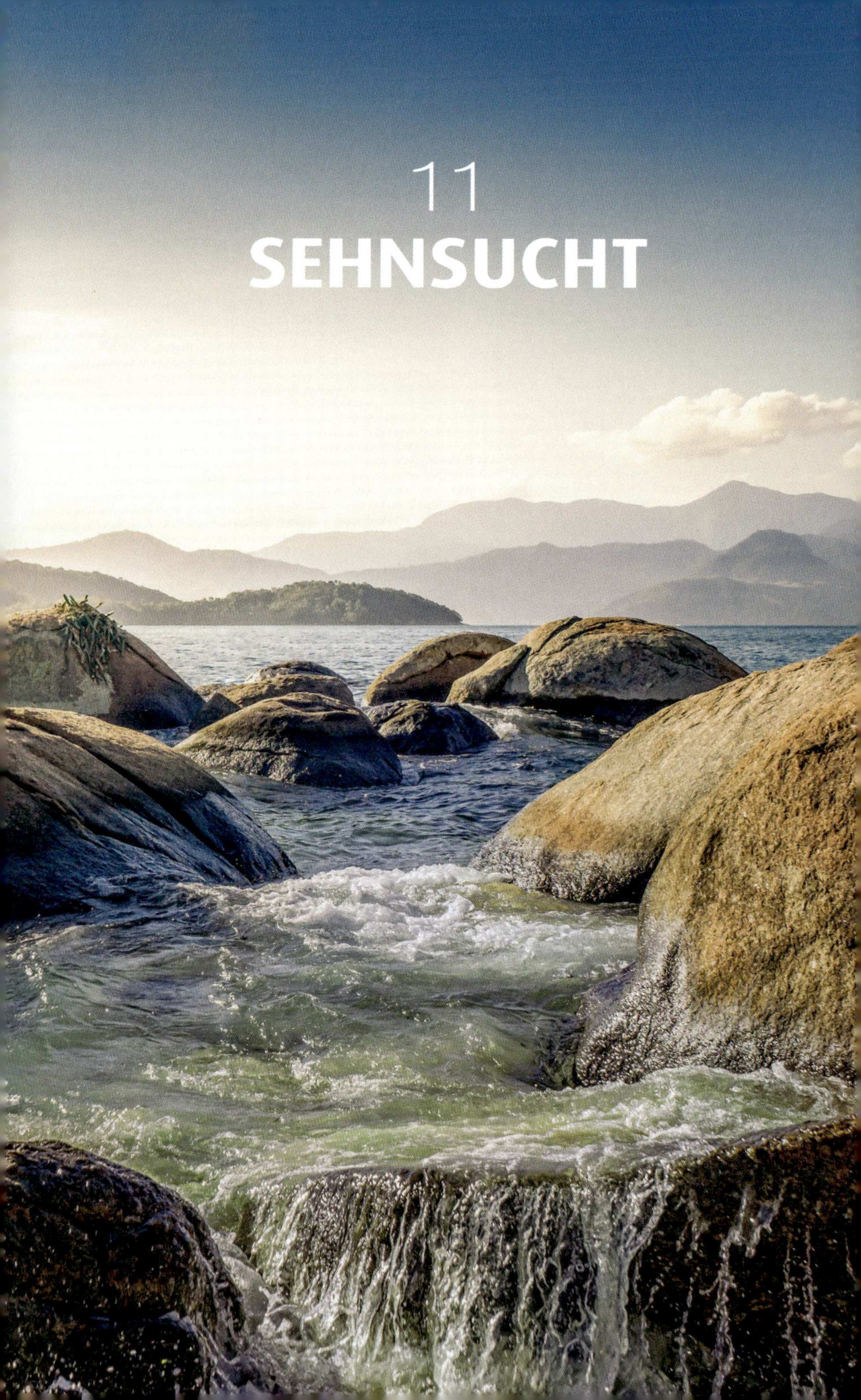

Himmelblau-Rostig

Mit 15 Jahren bekam ich mein erstes Mofa. Vorneweg: Mofas waren schon damals nicht wirklich cool. Für mich jedoch waren sie der Inbegriff der Freiheit. Und ich wollte unbedingt frei sein. Also machte ich meinen Mofaführerschein und durchforstete mit meinem Vater allerlei Flohmarktzeitschriften auf der Suche nach einem günstigen Gefährt …

Die Wahl fiel auf ein altes, leicht angegammeltes himmelblaues Vehikel aus den 70ern. Der notdürftig ausgebesserte Lack blätterte überall ab und legte rotbraune Roststellen frei. Der Ledersitz war rissig, die Bremsen eine Katastrophe, die Gaszüge rissen immer wieder. Die Kupplung ließ sich nur mit viel Liebe und Feingefühl bedienen, der Auspuff war löchrig, der Motor röchelte und hustete lautstark vor sich hin, und das ganze Gefährt stank nach Benzin und Öl.

Kurzum: Das Mofa war total heruntergerockt. Aber es fuhr meistens. Und es war cool. Noch cooler wurde es durch die überdimensionale Dreitonhupe mit Luftbalg, die ich in einem Anfall von »Pimp my Mofa« installierte und die es noch hässlicher machte.

Mir war's egal. Es war mein Mofa, der Inbegriff erster Freiheit. Und es musste kein perfektes Gefährt sein. Es durfte ruckeln und knattern und zickig sein. Es durfte nach verbranntem Zweitaktgemisch stinken und manchmal – wenn ich mit den Beinen am heißen Auspuff hängen blieb – auch nach angekokelten Haaren.

Das Mofa war irgendwie auch das laut knatternde Symbol meiner Sehnsucht nach Abenteuern und nach Weite. Mittlerweile ist es Geschichte. Vermutlich längst verschrottet und hoffentlich recycelt. Die Sehnsucht ist geblieben.

Was fängst du an mit deiner Zeit?

Neulich habe ich mir nach einem Jahr Pause mal wieder den *Herrn der Ringe* angesehen. Jene geniale Verfilmung der noch genialeren Trilogie von J. R. R. Tolkien, von der schon einmal die Rede war.

An einer Szene bin ich hängen geblieben: Da sitzen in einer dunklen Stunde der Hobbit Frodo und der Zauberer Gandalf zusammen und unterhalten sich. Frodo hat eine Aufgabe übernommen, der er sich absolut nicht gewachsen sieht. Er hat Angst zu scheitern, zweifelt an sich selbst. An seiner Standhaftigkeit und an seiner Stärke. Am liebsten würde er die Zeit zurückdrehen und einen anderen Weg einschlagen. Schwere Hoffnungslosigkeit macht sich breit, Trauer und Müdigkeit. Denn Frodo weiß, dass es kein Zurück gibt …

Frodo: »Ich wünschte, all das wäre nie passiert.«

Gandalf: »Das tun alle, die solche Zeiten erleben. Aber es liegt nicht in ihrer Macht, das zu entscheiden. Du musst nur entscheiden, was du mit der Zeit anfangen willst, die dir gegeben ist.«

Diese beiden Sätze haben sich in meiner Erinnerung eingegraben, einfach weil sie so gut sind.

Ich erinnere mich an Momente, in denen auch ich am liebsten aufgegeben hätte. An festgefahrene Situationen. An Entscheidungen, die zu treffen waren. Und ich denke an

Menschen, die schwere Zeiten durchleben müssen und überhaupt keinen Ausweg sehen.

Es gab sie schon immer, und es wird sie weiterhin geben: Kreuzungen auf meinem Lebensweg, an denen ich absolut nicht einschätzen kann, was dahinter kommen wird. Vielleicht habe ich eine Vorstellung davon, was werden könnte – aber sicher sein kann ich nicht.

Wird es gut weitergehen oder schlecht? Wird es leicht sein, diesen Weg zu gehen? Oder ist er voller Stolperfallen. Ich habe nicht die geringste Ahnung. Und das ist vielleicht auch besser so – denn wer weiß: Vielleicht würde ich sonst vor lauter Angst erst gar keine Entscheidung treffen, erst gar nicht losgehen und mir damit die Chance nehmen, mich positiv überraschen zu lassen und absolut wunderbare und erfüllende Momente zu erleben.

Was ich tun kann: Jeden Tag und an jeder Wegkreuzung aufs Neue die Entscheidung treffen, was ich mit der Zeit anfangen will, die mir gegeben ist. Und dann muss ich wirklich losgehen, auch ohne zu wissen, wo ich am Ende ankommen werde. In dunklen Zeiten gilt es, auf dem Weg zu bleiben und auf bessere Tage zu hoffen. Sonnentage will ich voll auskosten und genießen.

Was ich mit der Zeit anfangen will, die mir gegeben ist?

Ich will sie mit Sinn füllen. Und mit ganz viel Liebe. Was fängst du an mit deiner Zeit?

Jetzt und hier

Lust auf eine kurze Reise zum schönsten Ort der Welt?

Wunderbar. Geh einfach mit mir die folgenden Schritte und genieße die nächsten Minuten.

1. Suche dir einen ruhigen Ort und mach's dir bequem.
2. Überlege kurz, an welchem Ort du dich so richtig wohl- und gut aufgehoben fühlst. Was ist dein absoluter Sehnsuchtsort?
3. Schließe die Augen und reise mit deiner Vorstellungskraft an genau diesen Ort.

Geh dort in deiner Fantasie etwas umher und nimm dir Zeit, um genau hinzuschauen. Was siehst du? Sauge jedes Detail in dich auf. Die Farben, die Formen, alles, was du wahrnimmst.

Wie duftet dein Sehnsuchtsort? Wie schmeckt er?

Welche Geräusche kannst du hören?

Bist du allein oder sind da noch andere unterwegs?

Tauche tief und mit allen Sinnen in die Situation ein und nimm dir dafür so viel Zeit, wie es dir gerade guttut.

4. Komme langsam wieder zurück. Recke und strecke dich – und freu dich über die kurze Auszeit.

Sehnsuchtsorte sind Kraftquellen. Gehe gerne immer wieder mal hin. Besonders dann, wenn dein Alltag gerade anstrengend, stressig oder einfach nur doof ist.

Sehnsuchtsorte mögen weit entfernt sein. Und doch sind sie ganz nah: in dir drin. Du musst nur die Augen schließen und dich innerlich auf die Reise machen.

Sehnsuchtsorte sind wie das Reich Gottes.

Manchmal kommt's mir elend weit weg vor. Und doch ist es schon längst da: in mir drin. Und in dir. Und er ist auch schon da, wartet auf dich. Bereit, sich an deine Seite zu setzen, dir zuzuhören und mit dir ein Stück des Weges zu gehen. Nicht in einer Traumwelt – sondern hier und jetzt, in der Realität deines Lebens.

Ein-Punkt

Ich liebe Listen. Und nutze sie für alles Mögliche. Ein paar dieser Listen findest du sogar in diesem Buch.

Da gibt es Listen von Orten, an denen ich schon war – und auch Aufstellungen der Flecken auf dieser Erde, die ich noch besuchen will. Listen mit Namen und Kontaktdaten von Freundinnen und Freunden; von Kolleginnen und Kollegen. Spotify-Playlisten mit Musik für verschiedene Momente, Anlässe und Stimmungen. Endlose Aufgaben- und To-do-Listen.

Packlisten für Reisen, Einkaufslisten und Rezeptlisten. Listen für …

Merkst du was? Auch hier ist schon wieder eine Liste entstanden ;-)

Solche Zusammenstellungen sind so hilfreich und praktisch! Sie helfen mir, in komplexen Situationen und dann wenn es hektisch wird, den Überblick zu behalten. Manche, wie die Spotify-Playlist, ist auch einfach ein nettes Bonbon für die Seele, auf das ich nicht verzichten möchte.

Listen können auch total nerven! Denn sie erinnern mich ständig dran, was noch alles zu tun ist, was ich geplant habe, was ich bis wann erreichen möchte. Sie sind wie ein gigantischer Berg, der scheinbar mit jedem Meter, den ich mühsam schwitzend hochklettere, wächst und größer wird. An manchen Tagen erscheint er unbezwingbar.

Weil Listen einerseits so praktisch sind und andererseits mit zunehmender Länge nervig und anstrengend werden, kommt hier noch eine: Die *Ein-Punkt-Liste* für mein Leben. Sie besteht aus einem Zitat von Frère Roger von Taizé, und das ist so simpel wie genial:

»Lebe das, was du vom Evangelium verstanden hast.

Und wenn es noch so wenig ist.

Aber lebe es!«

Ja. So »einfach« ist es. Am Ende kommt's nicht drauf an, wie viele Punkte auf meinen Listen ich irgendwie abgehakt habe. Sondern ob es mir gelingt, diesen einzigen Punkt in mein Leben zu übertragen. So, dass nicht nur ich, sondern auch die Menschen um mich rum spüren: »Hey – der versucht wirklich und ernsthaft, Jesus nachzufolgen.«

Für mich ganz persönlich bedeutet es:

1. Ich habe ganz sicher nur einen winzigen Bruchteil wirklich verstanden.

2. Dass es um LIEBE geht, *das* habe ich kapiert.

3. Also: Wie kann ich das, was heute ansteht, mit Liebe füllen?

All die anderen Listen darfst du zur Seite legen. Durchschnaufen.

Dieser eine Punkt genügt:

»Lebe das, was du vom Evangelium verstanden hast.

Und wenn es noch so wenig ist.

Aber lebe es!«

Und du: Was bedeutet das für dich?

Wie sieht deine *Ein-Punkt-Liste* aus?

Was rein, was raus?

Heute in einer Woche sitzen wir im Flieger. 55 junge Erwachsene auf dem Weg zum Weltjugendtag in Costa Rica und Panama. Für manche ist es die erste Reise auf einen anderen Kontinent, in eine andere Welt. Für alle ist es eine Reise ins Ungewisse.

Sicher, es gibt Vorstellungen, Fantasien, Bilder und Hoffnungen. Doch was wird? Das werden wir erleben!

Bei aller Vorfreude lässt sich leicht übersehen, dass die Reise schon vor Langem begonnen hat: Wir sind bereits seit vielen Monaten gedanklich unterwegs in Richtung Mittelamerika. Die Vorbereitungen sind wie ein Warmlaufen, ein Sich-startklar-Machen, ein Alle-Energien-Sammeln. Und das braucht's. Es ist notwendig, um sich auf alles einzustellen, was sein könnte. In den letzten Tagen vor dem Abflug müssen dann noch einmal alle roten Fäden entwirrt und zusammengebracht werden. Wie so oft ist es letztlich ein ziemlich kompliziertes Geflecht aus Absprachen, Fragen und Antworten.

Und dann gibt es noch die umfangreiche Packliste: Was muss alles rein, in den Koffer und in den Tagesrucksack? Was darf auf keinen Fall vergessen werden? Was wird dringend gebraucht? Was ist verzichtbar? Wie so oft gilt das Motto »Weniger ist mehr«: Denn viel Kram bedeutet viel Gewicht, das man mit sich rumschleppen muss. Manche Teilnehmer checken wohl zum ersten Mal in ihrem Leben, dass es so etwas wie eine Handwäsche gibt, die man einplanen sollte, wenn man keine Wäsche für zweieinhalb Wochen mit sich rumschleppen will …

Gute Planung ist viel wert. Doch was wird, werden wir sehen! Denn jede Reise trägt Chaos-Potenzial in sich. Manches wird wie geplant eintreten. Vieles wird ganz anders sein. Garantiert. Und dann kommt's drauf an, was wir draus machen: Genervt sein, jammern, in Panik geraten? Oder die Herausforderung als spannenden Teil eines großen Abenteuers angehen und gemeinsam lösen.

Totenköpfe und bunter Krimskrams

430 Kilometer nördlich von Rio de Janeiro, kurz vor der Großstadt Belo Horizonte, in einem verschlafenen kleinen Dörfchen in den Bergen, gibt es eine Rockerkneipe. Draußen vor der Tür stehen lauter fette Harleys. Drinnen ist der Schuppen mit dunklem Holz vertäfelt. Totenköpfe und bunter Krimskrams hängen an den Wänden und von der Decke. Der kraushaarige Wirt begrüßt seine Gäste mit Handschlag und einem breiten Lächeln, das durch seinen Bart blitzt. Es ist gemütlich hier drin. Es gibt leckeres Essen – und den vermutlich besten Caipirinha der Welt.

Wusstet ihr, dass es jede Menge Arten von Caipirinha gibt? Wir Deutsche kennen meist nur die klassische Zubereitungsart mit Limette, Cachaça (Zuckerrohrschnaps), Zucker und Eis. Aber es gibt ihn auch in vielen anderen Zusammensetzungen mit Früchten und allerlei Gewürzen verfeinert. In der Rockerkneipe kannst du einige Sorten probieren.

Immer wenn ich in Brasilien bin, komme ich hier vorbei. Schon Wochen zuvor freue ich mich auf neue und unbekannte Geschmacksexplosionen auf meiner Zunge und bin neugierig, welche schräge Kreation mich dieses Mal erwartet. Und es lohnt sich. Jedes einzelne Mal.

Neues schmecken. Unbekanntes ausprobieren. Farben und Düfte wahrnehmen, die mich überraschen – manchmal auch überfordern. Süß. Sauer. Salzig. Fruchtig. Würzig. Scharf. Genau so etwas wünsche ich mir für mein Leben. Und noch viel mehr zu entdecken, ist eines meiner großen Ziele. Denn ich bin sicher, diese Welt hat so viel Schönes und Leckeres zu bieten, dass es locker für mehrere Leben reicht.

Danke, Gott, für die unendliche Schatzkiste, die du uns schenkst. Für all die Farben, Gerüche und Geschmackserlebnisse. Für die Menschen, mit denen ich auf Entdeckungsreise gehen darf. Überhaupt für deine ganze Schöpfung, die einfach nur krass ist.

Übrigens: Du musst nicht um die halbe Welt reisen. Es genügt ein Schritt vor deine Tür. Wenn du offen bist, dich auf Unbekanntes einzulassen, zu experimentieren, schräge Dinge zu tun und so ein Stück weit ein neugieriges Kind zu bleiben, dann erwarten dich da draußen echt sagenhafte Momente. Probier's aus.

Da steckt Leidenschaft drin

Knapp 70 Jugendliche haben sich zum *Get Up-Teenscamp* angemeldet. Die Aufgabe: Stellt innerhalb einer Woche eine Band, einen Chor und eine Schauspielergruppe zusammen, um ein Musiktheaterstück mit dem Titel *Friedenstraum* aufzuführen.

Mit jeder Menge Power machen sich die Jugendlichen daran, die Aufgabe zu bewältigen: Die Band spielt sich ein, die Darstellerinnen und Darsteller proben ihren Auftritt, und der Chor übt anspruchsvolle Gesangsstücke ein. Immer wieder werden Details verändert und das Musiktheater so kreativ weiterentwickelt.

Während der Aufführung am Samstagabend sitze ich auf der Empore der Friedenskirche und bin froh, dass mich hier oben im Dunkeln niemand sieht: Zwischen Begeisterung und Gänsehaut stehen mir an einigen Stellen die Tränen in den Augen. Das Musiktheater berührt mich. Und noch mehr die Jugendlichen, die mit unglaublicher Freude und Überzeugung ihr Stück aufführen. Das hier ist mehr als eine gewöhnliche Aufführung. Ich spüre: Die jungen Leute da vorne stehen voll und ganz hinter ihrem *Friedenstraum*. Sie haben sich gerade mal eine Woche lang mit ihren Talenten auseinandergesetzt und wachsen vor unseren Augen über sich hinaus. Und sie halten dem Publikum und mir einfach mal so eine der besten Predigten, die ich seit Langem gehört habe. Da steckt pure Leidenschaft drin!

Wie genial wäre es, wenn unsere Kirche jungen Menschen viel öfter solche Gelegenheiten bieten würde? Räume, in denen sie ihrer Leidenschaft nachgehen, sich gegenseitig ermutigen und über sich hinauswachsen können.

Denn was kann es Schöneres geben als leidenschaftliche Menschen, die die Welt zum Guten gestalten wollen.

So einer war Jesus. Und so sollten seine Jünger*innen ticken. Oder?

Unter die Haut

Ich habe mich gefragt:
Wofür stehe ich?
Was begeistert, bewegt, motiviert mich?
Wonach sehne ich mich?
Was lässt mich hoffen?
Was lässt meine Augen aufleuchten?
Was lässt mein Herz vor Freude schneller schlagen?
Was lässt mich aufstehen, wenn ich hingefallen bin?
Was gibt mir Kraft, weiter bergauf zu gehen?
Was gibt mir Mut, unbekannte Pfade zu erkunden?
Für wen oder was will ich eintreten?
Was geht mir unter die Haut?
Was geht mir so richtig und volle Kanne unter die Haut?
Warum, wozu und für wen setze ich meine Energie ein?
Wer gibt mir Kraft und Zuversicht; wer füllt meinen inneren Akku auf
Wo sind meine Quellen?
Und was sind meine Wurzeln?

In welchen Momenten spüre ich Freude in mir und die Zuversicht, den richtigen Weg gewählt zu haben?

Meine Antwort auf diese Fragen habe ich mir eintätowieren lassen:

Und doch werden mich diese Fragen ein Leben lang weiter begleiten. Sie bleiben gleichzeitig Fragen und Ausrufezeichen.

Nie ist eine Antwort endgültig. Und auch die Fragen verändern sich sicherlich im Lauf der Jahre.

Es ist gut, nie ganz fertig zu sein. Denn die Sehnsucht wirkt wie ein Segel in der Brust.

Einiges bleibt. Fundamente der Hoffnung.

Wofür stehst DU?

Was begeistert, bewegt, motiviert dich?
Was lässt dich hoffen und sehnen?
Was lässt deine Augen aufleuchten?
Was lässt dein Herz vor Freude schneller schlagen?
Was lässt dich aufstehen, wenn du hingefallen bist?
Was gibt dir Kraft, bergauf zu gehen?
Was gibt dir Mut, unbekannte Pfade zu erkunden?
Für wen oder was willst du eintreten?
Was geht dir unter die Haut?
Was geht dir so richtig und volle Kanne unter die Haut?

Sekt und Schnittchen

Nach monatelangem mühsamem Treppensteigen und jede Menge nervigem Baulärm ist es endlich so weit. Der neue Aufzug ist fertig. Ein ganz tolles Gerät in einem frisch polierten Glasrahmen. Sogar sprechen kann es. Eine Frauenstimme haucht dem Benutzer ein leises »Türe schließt« entgegen, bevor die sanfte Reise in die Höhe beginnt.

Das neue Teil muss gebührend gewürdigt werden! Also kommt die komplette Belegschaft zu einer Feierstunde zusammen. Es gibt Reden. Es wird gesungen. Es wird gebetet. Der Aufzug wird gesegnet. Es gibt Sekt und Schnittchen. Eine Segensfeier mit allem, was geht. Ganz großes Kino.

Vor ein paar Tagen hat mich ein lesbisches Paar angesprochen. Beide gut katholisch. Sie sehnen sich so sehr danach, in ihrer Beziehung gesegnet zu werden. Ob ich da was machen könne. »Eigentlich ist mir das verboten. Gebt mir bitte ein paar Tage Bedenkzeit«, war meine Antwort.

Jetzt stehe ich mit meinem Glas Sekt in der Hand auf dem Flur und glotze den Aufzug an, der gerade gefeiert und gesegnet wird. Denke an diese beiden Frauen, die in einer festen Beziehung leben. Die sich aufrichtig lieben und füreinander da sind. Die sich danach sehnen, mit dem Segen Gottes ihren Weg zu gehen. Meine Kirche verweigert ihnen den Segen, weil sie in einer sogenannten irregulären Beziehung leben.

Ich nippe am Sekt. Er schmeckt einfach nur schal. Diese ganze Veranstaltung schmeckt für mich plötzlich schal. Was tun wir hier? Und was tun wir an anderen Stellen nicht? Mit welchem Recht entscheiden wir, dass ein Aufzug gesegnet werden darf – eine aufrichtige Beziehung zwischen zwei Menschen welchen-Geschlechts-auch-immer aber nicht?

Manchmal kann man nicht anders, als sich an seinem Gewissen zu orientieren. Gott im persönlichen Gebet zu fragen, welcher Weg der richtige ist. Und diesen Weg dann zu gehen. Egal, welche Risiken er birgt. Alles andere – wäre eine Sünde. Da bin ich mir sicher.

Ich lasse mich nicht unterdrücken
von denen, die Wachstum verneinen,
von Ideen, die das Entfalten verbieten,
von Gesetzen, die das Reifen verhindern.

Ich lasse mich nicht einschüchtern
von Vorschriften,
denen es nur um Sicherheit geht.
Ich lasse mich nicht ersticken
von hübscher Mittelmäßigkeit.
Ich lasse mich nicht zurückhalten
von den Risikoscheuen.

Ich protestiere
gegen die Verneinung des Lebens
und stürme weiter vor.
Wie sollen wir uns sonst treffen?
Das Übliche ernährt uns nicht,
und mitten im Überfluss werden wir sterben.

Ich werde mit mir selbst in Verbindung treten
und mit besonderem Tastsinn
auf dich zu wachsen.
Ich werde dich mit dem inneren Auge sehen,
deine ungesprochenen Worte hören
und weiter als eine Meile mit dir gehen.
Ich werde unvorhersagbar sein
und leben.

Ulrich Schaffer

Es geht nicht um die Kirche

Jesus ging's nie um die Kirche.

Ihm ging's um das junge Paar, dessen Hochzeitsparty zu scheitern drohte, weil kein Wein mehr da war.

Ihm ging's um die Fischer, die enttäuscht und müde ihre leeren Netze einholten.

Ihm ging's um die Mutter, die ihr totes Kind beweinte.

Ihm ging's um die Kranken, die sich nach Linderung ihrer Schmerzen sehnten.

Ihm ging's um die Frau am Jakobsbrunnen, die Wasser schöpfte und deren Durst doch größer war.

Ihm ging's um den Zolleinnehmer, den keiner mochte, weil er ein echt übler Zeitgenosse war.

Ihm ging's um seinen Freund, der ihn verraten hat.

Ihm ging's um die Kinder, die Frauen, die Männer, die nach seiner langen Predigt einfach nur müde und hungrig waren.

Ihm ging's um Nikodemus, der sich mitten in der Nacht zu ihm schlich, weil er ein paar Fragen hatte, die nicht bis morgen warten konnten.

Ihm ging's um die Ausgegrenzten. Die Kleinen. Die Schwachen. Die Einsamen. Die Looser. Die Unperfekten. Die Sünder.

Ganz nebenbei hat er seine Kirche gegründet.

Nicht zum Selbstzweck. Nicht zum Gut-Aussehen.

Nicht, um Traditionen zu bewahren.

Sondern als Werkzeug, als Mittel zum Zweck.

Als verschworene Gemeinschaft der Träumerinnen und Träumer.

Als Sammelpunkt für alle, die an sein verrücktes Konzept der unendlichen Macht der Liebe Gottes glauben.

Als Think-Tank, um seine Botschaft jeden Tag ins Heute zu übersetzen und weiterzutragen.

Als Zufluchtsort für alle, die Schutz und Hilfe suchen.

Für Glaubende und Zweifelnde.

Für Suchende und Hoffende.

Ganz nebenbei hat Jesus seine Kirche gegründet.

Mit dem Auftrag, seine Botschaft mit Hand und Herz zu leben.

Ziemlich klare Zielvorgabe, oder?

Auf dem Grab meiner Uroma in Frankreich gefunden:

#Unscheinbar #Rissig #Zerbrechlich #Zerbrochen #Verwittert #TotesHolz

Ganz vorsichtig eingepackt. Mag für manche total wertlos erscheinen.

Vielleicht sogar hässlich. Für mich ist er genau das Gegenteil.

#Jesus #Glaube #Kostbar #Wertvoll #Schön #Mehr #Leben

#Liebe

Ein großes Danke allen, mit denen ich ein Stück des Weges gehen durfte und darf:

meiner Familie, meinen Freundinnen und Freunden. All den Kindern, Jugendlichen und jungen Erwachsenen in den Jugendverbänden des BDKJ. All denen, mit denen ich so viel gelacht, geweint, gesucht und gefunden habe. Ohne euch – wär alles doof ;-)

»Wer Menschen gewinnen will, muss sein Herz zum Pfand einsetzen.«
Adolph Kolping

ICH
LIEBE
MEIN
LEBEN

Carsten Leinhäuser, Jahrgang 1979, ist waschechter Saarländer aus Rohrbach; von Gott begeistert und »Menschenfischer«; leidenschaftlicher Autofahrer; »Herr der Ringe«-Fan; ständig im Web unterwegs; Bücherwurm; Langschläfer und Faulenzer; Reisender; Brillen- und Linsenträger; Filmegucker; Fotograf. Unterwegs mit Bibel, Stola & Kaffee.

Theologie-Studium in Mainz (1998–2004), Priesterweihe 2006. Kaplan in St. Anton & Christ König, Winzeln, Gersbach und Windsberg. Anschließend verschiedene Funktionen im Bereich Jugendarbeit. 2015–2019 Diözesanjugendseelsorger im Bistum Speyer. Seit Herbst 2019 Pfarrer in Winnweiler, Rheinland-Pfalz.

www.vaticarsten.de

Quellennachweis
Seite 183: Ulrich Schaffer, Ich lasse mich nicht unterdrücken; in: ders., Ins Blaue wachsen. Kreuz Verlag 1996, mit freundlicher Genehmigung des Autors

Aus Verantwortung für die Umwelt hat sich die Verlagsgruppe Droemer Knaur zu einer nachhaltigen Buchproduktion verpflichtet. Der bewusste Umgang mit unseren Ressourcen, der Schutz unseres Klimas und der Natur gehören zu unseren obersten Unternehmenszielen. Gemeinsam mit unseren Partnern und Lieferanten setzen wir uns für eine klimaneutrale Buchproduktion ein, die den Erwerb von Klimazertifikaten zur Kompensation des CO_2-Ausstoßes einschließt.
Weitere Informationen finden Sie unter: www.klimaneutralerverlag.de

Besuchen Sie uns im Internet:
www.bene-verlag.de

FSC
www.fsc.org
MIX
Papier aus verantwortungsvollen Quellen
FSC® C084279

Originalausgabe März 2020

Ein Imprint der Verlagsgruppe
Droemer Knaur GmbH & Co. KG, München.

Lektorat: Stefan Wiesner
Coverabbildungen: Sergej Falk
Fotos im Innenteil: Carsten Leinhäuser, Sergej Falk (S. 118)
Cover- und Innengestaltung: Maike Michel
Druck und Bindung: Print Consult GmbH
ISBN 978-3-96340-084-1

5 4 3 2 1